Caligrafía Moderna

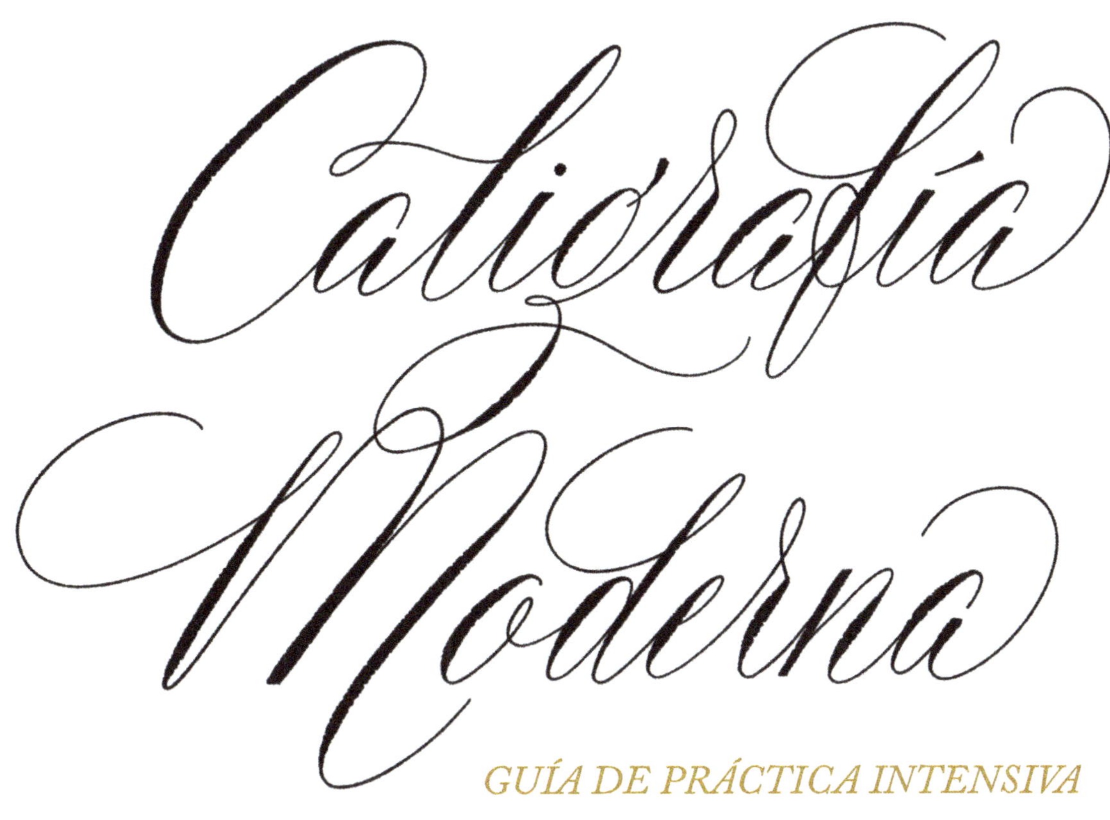

GUÍA DE PRÁCTICA INTENSIVA

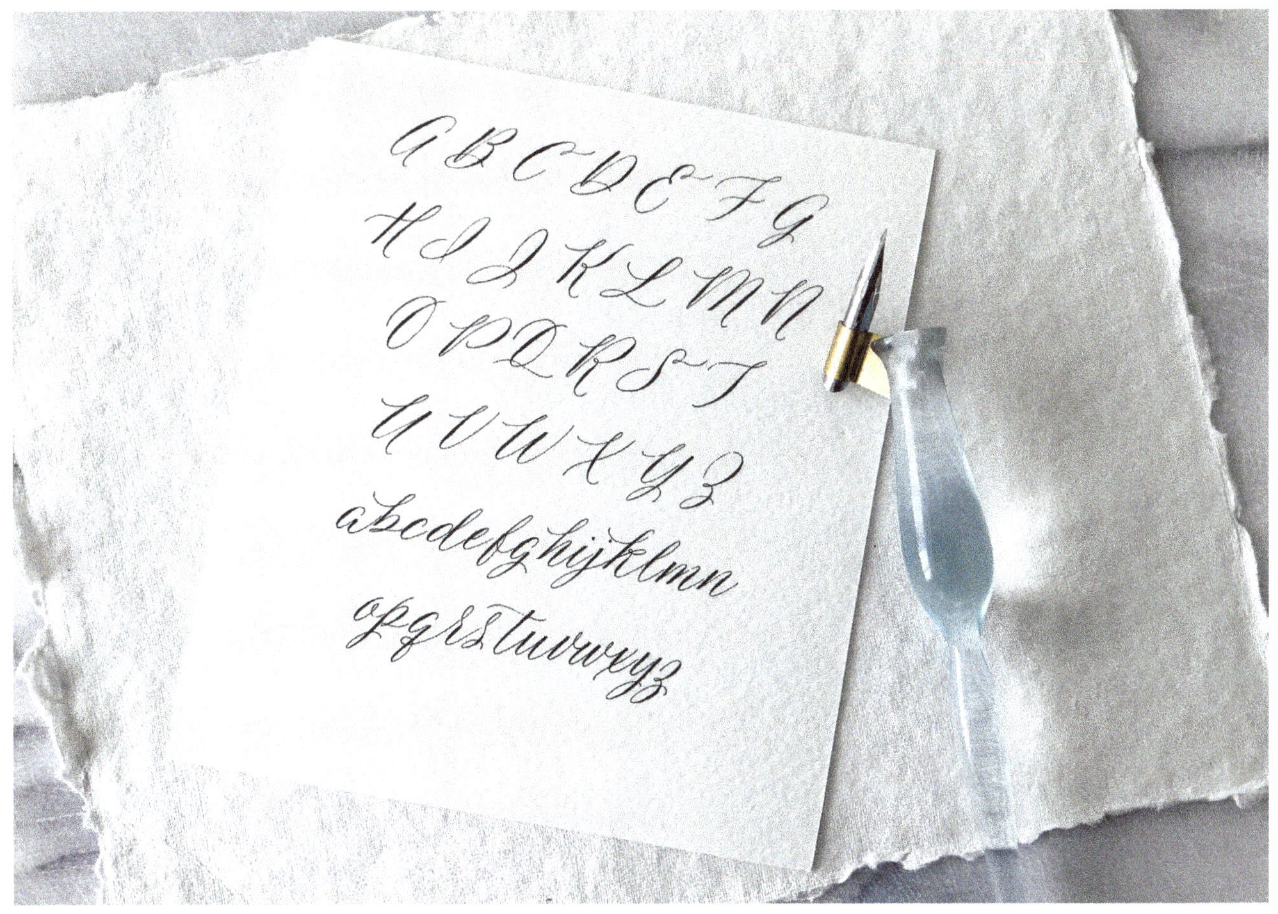

KESTREL MONTES

inkmethis.com

Publicado por inkmethis

inkmethis.com | @inkmethis

Santa Rosa, CA 95404 | Primera impresión 2018

Edición en inglés 978-1-7327505-0-0

Edición de tapa dura 978-1-7327505-2-4

Edición en español 978-1-7327505-1-7

Impreso en los Estados Unidos de América.

Diseño y fotos: Kestrel Montes

Edición: Kestrel Montes

Apoyo técnico: Betsy Miller

Revisión: María Montes y Carmela Heintzelman

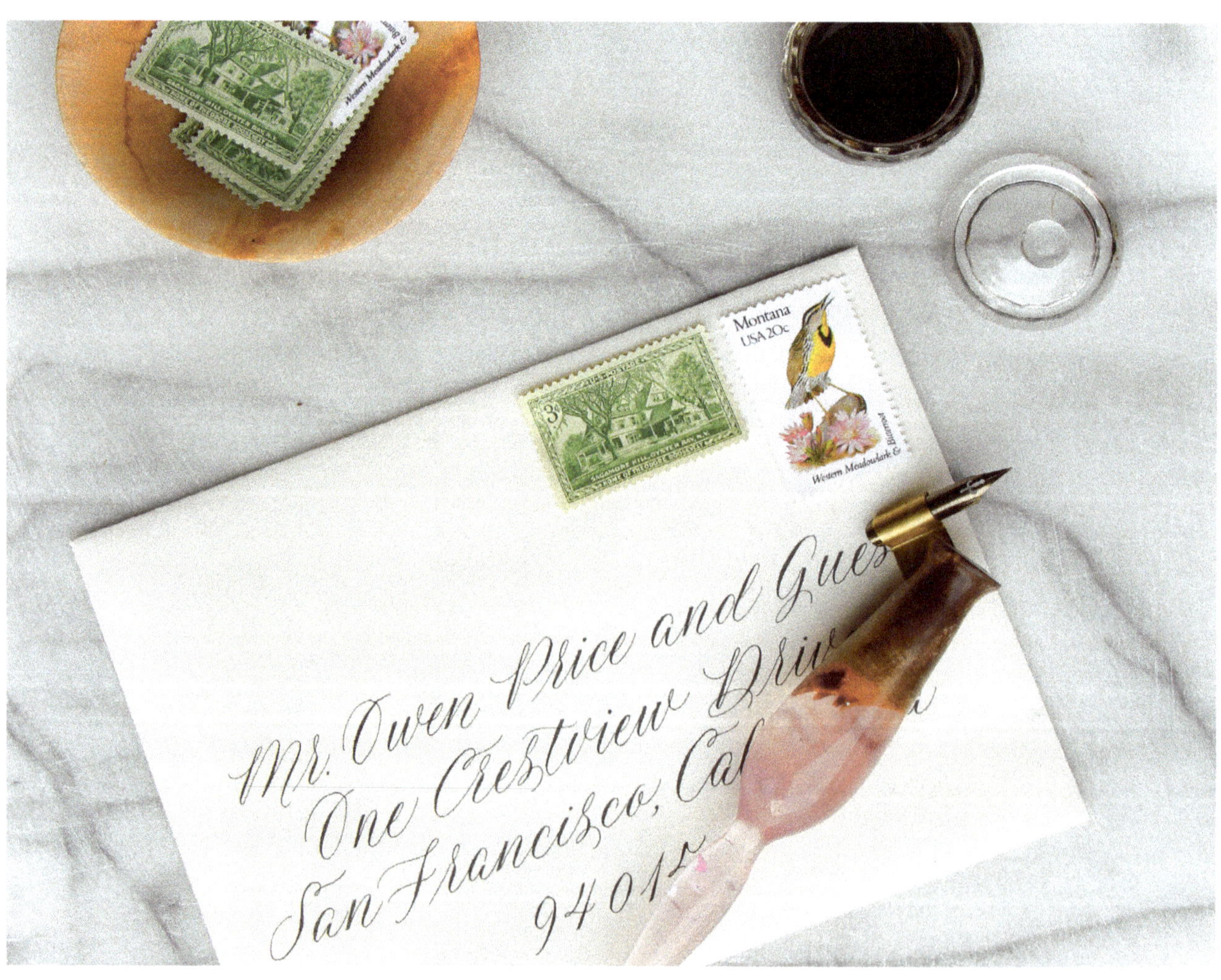

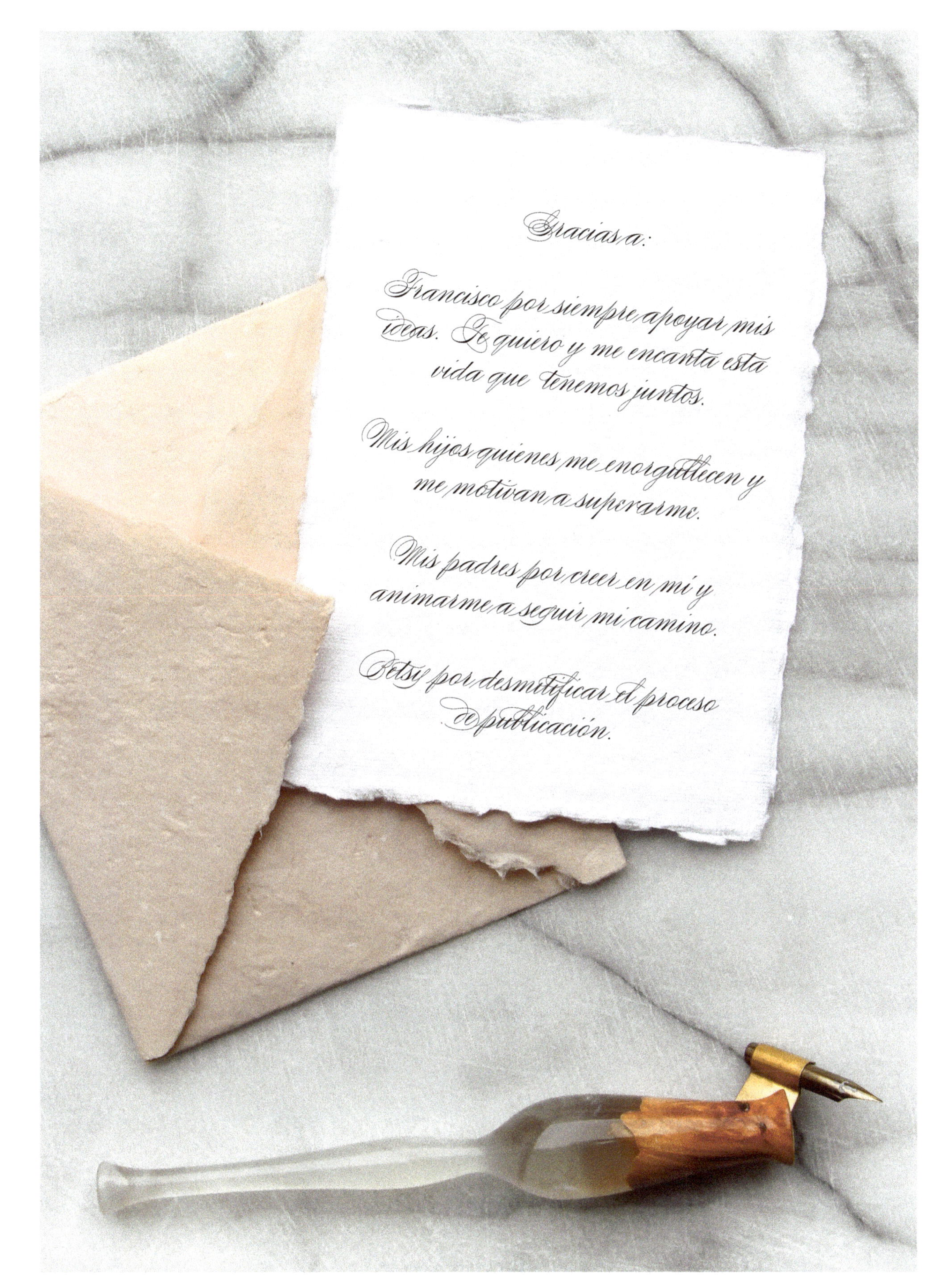

Gracias a:

Francisco por siempre apoyar mis ideas. Te quiero y me encanta esta vida que tenemos juntos.

Mis hijos quienes me enorgullecen y me motivan a superarme.

Mis padres por creer en mí y animarme a seguir mi camino.

Betsy por desmitificar el proceso de publicación.

Contenidos

1.

Al empezar

¡Qué alegría me da tener la oportunidad de acompañarte en tu apredizaje de caligrafía! Ya sea que deseas escribir tus propias invitaciones de boda, crear un negocio de caligrafía o simplemente encontrar un nuevo pasatiempo, este libro te lanzará en un viaje exitoso con caligrafía.

Como era educadora antes de ser calígrafa profesional, enseñar caligrafía es una mezcla de mis dos vidas. Es emocionante ver a otras personas encontrar tanta alegría con este arte como yo.

Cuando primero empecé caligrafía, simplemente intentaba copiar lo que veía en línea. Veía los videos hermosos en Instagram y trataba de hacerlo. Eso funcionó mínimamente pero batallaba con la plumilla y me frustraba. ¡Definitivamente fue más difícil de lo que parecía! A veces no conseguía que la plumilla ni siquiera escribiera, la tinta se dispersaba y las letras no se parecían en nada a lo que me imaginaba. ¡Me preguntaba cómo era que la gente lograba escribir tan bellamente y casi me renuncié más de una vez!

Decidida a descubrir los trucos, buscaba por Internet y enviaba preguntas a diferentes calígrafas por Instagram (normalmente no me contestaban) y compré varios libros. ¡Poco a poco empecé a entender los secretos!

La meta de este capítulo es ofrecer un resumen de los consejos y la información técnica que me tomó un año o más en juntar o descubrir por medio de prueba y error. ¡Quería ponerlo todo en un solo libro para ayudarte!

Si apenas vas empezando, te recomiendo que leas este capítulo y simplemente captes tanta infomación como sea posible. Mientras practicas, refiérate para solidificar más aspectos de lo técnico. Si ya tienes tiempo practicando, tu escritura sin duda mejorará a partir de una mejor comprensión de las herramientas y técnicas.

Mi mayor deseo es ayudarte a encontrar más alegría que frustración en este hermoso arte. ¡¡Y me encantaría ver tu progreso!! Por favor de compartir en Instagram etiquetándome @inkmethis y usando #learnwithkestrel.

CÓMO PRACTICAR

Al igual que un atleta en entrenamiento, el objetivo de la práctica de caligrafía es desarrollar la memoria muscular. Y como un atleta, quieres que tu práctica esté enfocada. Por esa razón, mi filosofía es que debes aprender un estilo de letras a la vez. En lugar de tratar de ser experto de todo, creo que es más valioso enfocarte en la calidad y no la cantidad de estilos. Por lo tanto, este libro ofrece la práctica intensiva de un solo estilo de letras. Después de terminar este libro, estarás listo para aprender un nuevo estilo. Cada estilo que aprendes crea una base más sólida para el aprendizaje de estilos adicionales.

Mientras practicas, ten en cuenta la posición del brazo, la posición de la pluma y la posición del papel. No te apresures. De nuevo, como un atleta en entrenamiento, la práctica descuidada o apresurada resulta en la memoria muscular descuidada. Escribe despacio y concéntrate en cada trazo. Si te aburres y tienes prisa, eso significa que simplemente no estás de humor y sería mejor no practicar en ese momento.

En caligrafía, el objetivo final es tener consistencia; consistencia de ángulo, de espacio, de presión (lo que determina qué tan gruesos son los trazos) y consistencia del tamaño. Independientemente del estilo, desde el tradicional hasta el moderno, esta consistencia es lo que hará que la escritura se vea de calidad y visualmente atractiva. Al terminar la práctica, examina tu escritura teniendo en cuenta estos elementos. Estudia tus muestras y concéntrate en los aspectos que requieren atención en la próxima sesión.

Las sesiones cortas y frecuentes de práctica te brindarán una mejoría mayor que las sesiones de maratón. En lugar de practicar durante cuatro horas los fines de semana,

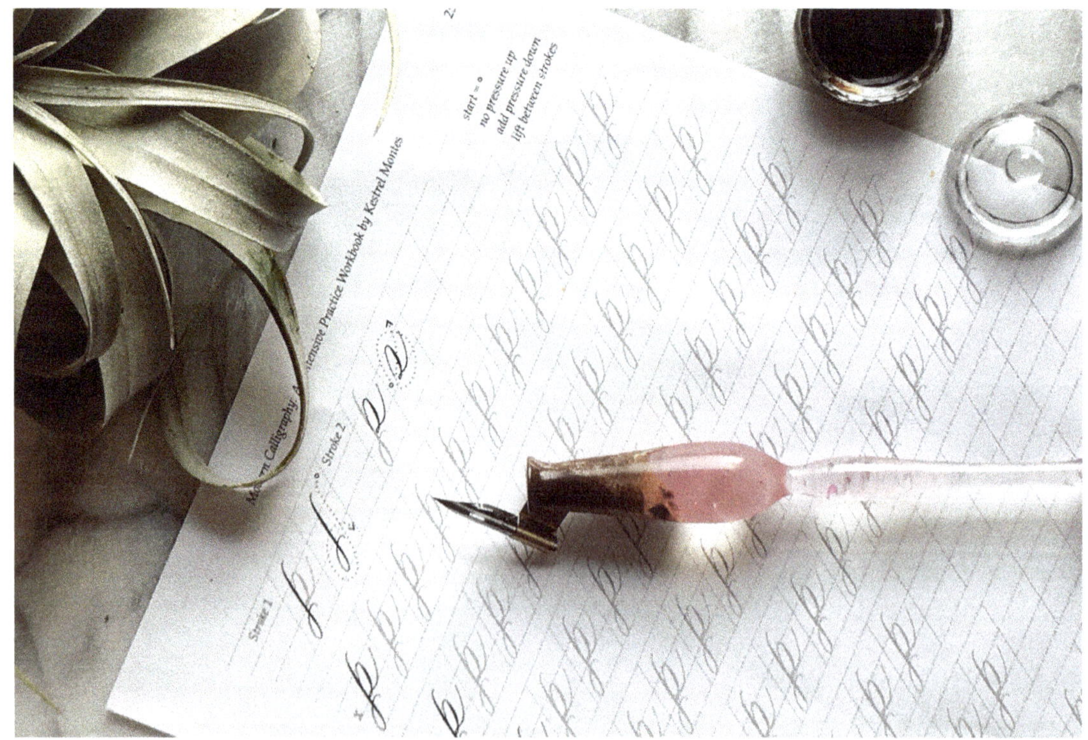

intentapracticar durante media hora cuatro veces a la semana. Para mí, es más probable que practique si tengo mis suministros básicos (una pluma oblicua con plumilla, tinta y papel) en un lugar central donde mi familia pasa la tarde. Mientras mi esposo ve la televisión, me siento cerca y practico caligrafía.

LOS EJEMPLARES

Un ejemplar es una sola hoja de papel con todo el alfabeto en un estilo de letra particular. Cuando haces caligrafía, es recomendable tener un ejemplar cercana para referencia. Esto es especialmente cierto cuando apenas empiezas o después de aprender varios estilos de letras (incluso los profesionales usan ejemplares). Todos necesitamos un recordatorio a veces de "¿cómo va una G en este estilo?"

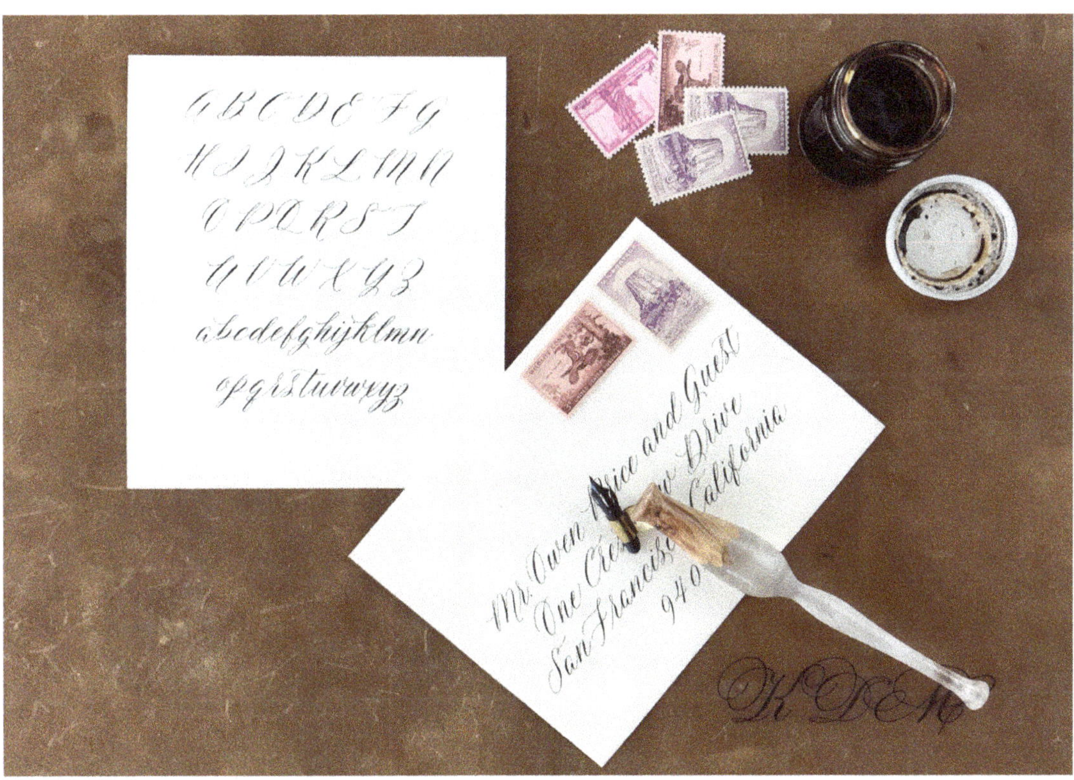

VELOCIDAD DE ESCRITURA

Cuando recién empecé a intentar enseñarme caligrafía, fue en los días en que Instagram sólo permitía la publicación de videos de 15 segundos máximos. Se usaban las aplicaciones como Hyperspeed para acelerar los videos y reducirlos a 15 segundos. Aunque sabía que los videos se habían acelerado, no sabía cuánto y tenía la impresión de que se escribía caligrafía a la velocidad normal de la escritura cursiva. Después de unos meses de práctica, finalmente vi por primera vez un video de tiempo real. ¡Qué revelación alucinante! Cambió mi escritura al instante. En caligrafía, no estamos realmente escribiendo en el sentido estándar de la palabra. Estamos lentamente (y me refiero a leeeentaaaaamente) dibujando cada trazo para formar letras. Debido a mi experiencia, estoy muy consciente de sólo publicar los videos en tiempo real en las redes sociales. Si no has visto caligrafía en tiempo real, te recomiendo ver mis videos para que veas qué tan despacio se escribe.

LAS GUÍAS INCLINADAS

En caligrafía, las líneas inclinadas se utilizan como guías visuales para ayudar a mantener la escritura en un ángulo constante. En caligrafía Copperplate, uno de los estilos más populares de caligrafía de plumilla, normalmente se usa un ángulo de letra de 55°, mientras que la Spenceriana, otro estilo tradicional, se usa un ángulo de 52°. Con los estilos modernos, tienes la libertad de decidir en qué ángulo deseas escribir. El ángulo de letras se puede decidir según el tono de la obra. Por ejemplo, un estilo más recto puede tener un tono más juvenil o juguetón, mientras que un ángulo de escritura más inclinado parece más sofisticado y elegante. Sin embargo, con qualquier ángulo, debe ser consistente tras la escritura de una sola obra. Si algunas de las letras están más inclinadas que otras, la escritura se verá menos profesional e incluso desordenada. La consistencia de inclinación es difícil de lograr sin ayuda visual y, por eso, utilizamos papel con guías inclinadas.

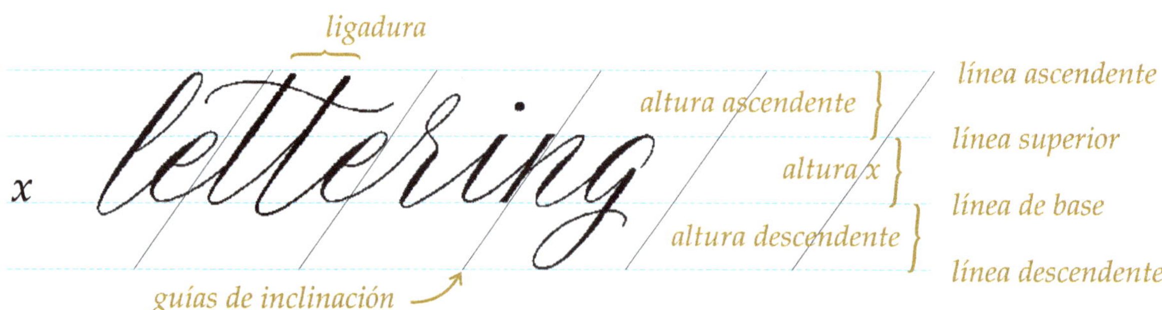

ANATOMÍA DE LA LETRA

- ***Altura ascendente:*** La altura de los trazos que sobresalen por encima de la altura x (ojo medio) como la asta superior de las letras h, l, k.

- ***Altura x:*** La altura del cuerpo de las vocales y las consonantes bajas como n, m, x.

- ***Altura descendente:*** La altura de los trazos que descenden por debajo de la linea de base como la asta colgante de las letras g, j, y.

- ***Linea superior:*** La línea a la que llega el cuerpo de las letras con la altura x.

- ***Linea de base:*** La línea en la que las letras "se sientan" (en este ejemplo, la base de la l y la segunda t bajan por debajo de la línea de base para crear interés visual. Esto se denomina una base oscilante.

- ***Ligadura:*** Dos letras unidas que normalmente se escriben separadas (por ejemplo, la asta decendente de una g puede cruzar la t en la próxima linea).

- ***Guías inclinadas:*** Referencias visuales para ayudar a mantener un ángulo de trazo consistente.

- ***Relación de altura X:*** La relación de altura x es la proporción entre la altura x y la altura ascendente o descendente. El ejemplo muestra una relación 1: 1: 1, donde los tres son del mismo tamaño. Las unidades se enumeran en orden de ascendente, altura x, descendente. También son comunes en la caligrafía 2: 1: 2 (los ascendentes y los descendentes son 2 veces el tamaño de la altura x) y las relaciones 3: 2: 3 (los ascendentes y descendentes son una vez y media el tamaño de la altura x).

LAS FUENTES

¡No puedo resistirlo! Tengo que añadir esta parte! Las personas a menudo cometen el error de usar el término "fuente" cuando se refieren a la letra caligráfica. Use la terminología adecuada para no ser una de esas personas que comenta en Instagram, "¡Qué bonita fuente!"

Una fuente es digital y está instalada en una computadora para escribir con teclas. Si hablamos de letras escritas a mano, no nos referimos a diferentes estilos como "fuentes", sino como "estilos" porque no somos computadoras. Sin embargo, sí hago fuentes a partir de mi caligrafía (a través de un largo proceso de escaneo, vectorización y luego programación de archivos de tipo Open Type para la instalación).

ÁNGULO DE LA PLUMILLA

La plumilla debe estar a un ángulo de aproximadamente 45° al papel. Cuanto más vertical sea la plumilla, más se escribe en la punta para crear los trazos más finos. Experimenta un poco con el ángulo de la plumilla al papel. Demasiado erguido causará atascarse en

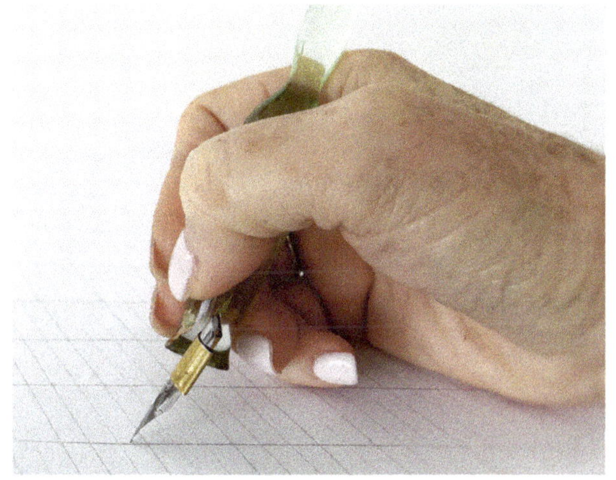

los trazos ascendentes. Demasiado horizontal con respecto al papel causará depósitos de tinta. Comienza con la punta más vertical al papel y continúa bajándola gradualmente hasta que encuentres el ángulo más vertical en el que puedes lograr escribir sin enganchar la plumilla al hacer trazos ascendentes.

AGARRE DE PLUMA

Aunque muchos manuales de caligrafía dictan un agarre específico, creo yo que tu escritura será mejor si usas el agarre que te es más cómodo y natural. Personalmente, he usado el mismo modo de agarrar un lapíz por más de 40 años (lo agarro con dos dedos encima). Cambiar mi técnica ahora me distraería demasiado del hecho de escribir.

Dicho esto, definitivamente hay una rotación correcta de la pluma en la mano. A diferencia de los lápices o bolígrafos, hay una parte superior y una parte inferior de la plumilla. Al escribir, la plumilla debe estar en línea con la inclinación de tu escritura. Esto es importante para el flujo de tinta. Al escribir con presión (escribir en un movimiento hacia abajo), las púas de la plumilla deben separarse uniformemente. Esto creará una experiencia de escritura más suave y hará que tu plumilla dure más, ya que las púas no se forzarán a abrirse torcidas o cruzarse.

La rotación de la pluma es el error más común que veo en Instagram y lo que dedico más tiempo corrigiendo durante los talleres. Para alinear la punta con la inclinación de la escritura, simplemente gira la pluma en la mano. Mientras agarras la pluma con la mano de escritura y sin soltarla, usa la mano que no escribe para girar la pluma hasta que la plumilla esté en el mismo ángulo que la inclinación de la escritura.

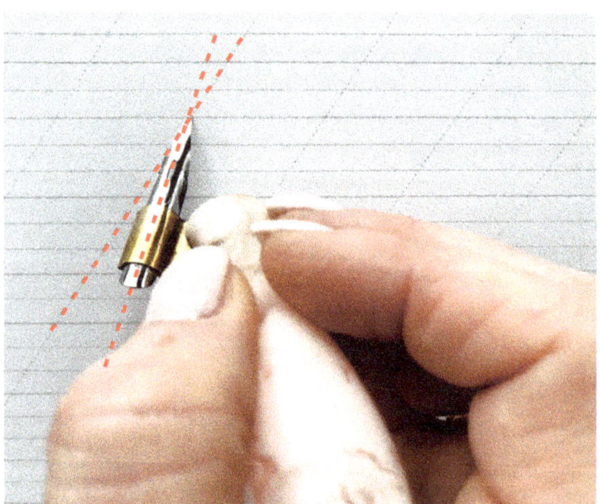 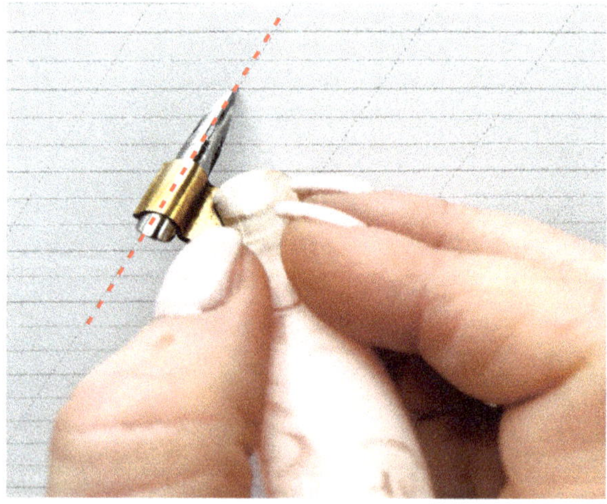

Foto izquierda (incorrecto): La rotación de la plumilla no coincide con las guías de inclinación (necesitas rotar la pluma en la mano).
Foto derecha (correcto): La rotación de la plumilla no coincide con las guías de inclinación (fíjate que la mano está en la misma posisión).

EL PAPEL Y LA ZONA DE ESCRITURA

Escribo con el papel casi a un ángulo de 90° con la parte superior hacia la izquierda. Es muy difícil escribir con el papel recto, ya que requiere que la muñeca esté torcida hacia arriba. Mi objetivo para encontrar la rotación óptima del papel es encontrar el lugar donde un simple movimiento de los dedos hacia arriba y abajo hace trazos al ángulo deseado siguiendo las guías inclinadas del papel. De esta manera, en lugar de tratar de escribir con una inclinación, en realidad estoy escribiendo con movimientos rectos y la rotación del papel hace el trabajo. Intenta rotar el papel similar a lo que muestro aquí. Te aseguro que hará una gran diferencia.

En el escritorio hay un pad de cuero. El pad reduce la fricción y permite que la plumilla fluya mejor sobre el papel. Si no tienes un pad de cuero, puedes usar varias hojas de papel. Tengo un frasco con agua para enjuagar, tinta en un frasco con apertura ancha (para que

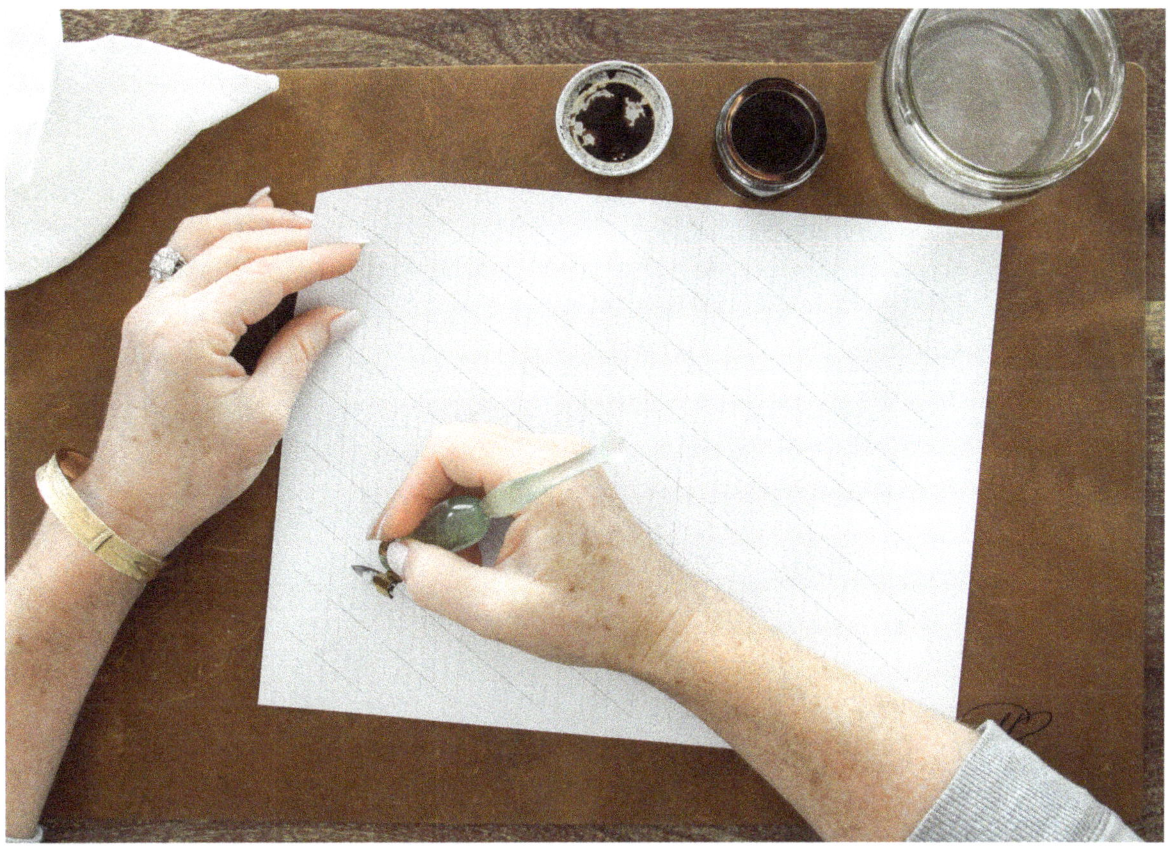

quepa la brida de la pluma oblicua), y una toalla de papel para secar la plumilla después de enjuagarla. Todo lo que necesito está situado para acceso fácil.

Con la mano izquierda, agarro el papel. Cuando llego a la mitad de la página, paso el papel más cerca de mi cuerpo. Es importante permanecer en su "zona de escritura" y mover el papel según sea necesario. La zona de escritura es un área aproximadamente del tamaño y directamente debajo de la cara cuando mira al papel.

Al estirar el brazo, la rotación del codo cambia el ángulo de la escritura. En lugar de compensar por torcer la muñeca, es mejor mantener el brazo en posición y mover el papel. Del mismo modo, si escribo en la parte inferior de la página sin mover el papel, el brazo ya no descansa sobre la mesa. El músculo de la parte inferior del brazo debería permanecer descansando sobre la mesa para dar estabilidad. Para los movimientos más largos, como una barra muy larga de la t, puedo rodar el brazo en el músculo para crear un trazo más suave que si estuviera el brazo flotando.

CALÍGRAFOS ZURDOS

Muchos zurdos me preguntan si pueden hacer caligrafía. ¡¡La respuesta es sí!! Hay calígrafos zurdos brillantes.

No soy zurda pero puedo compartir las observaciones que he hecho al enseñar a los estudiantes zurdos:

- Si puedes escribir sin enganchar la mano, eso facilitará la caligrafía. Como la tinta tarda un poco en secarse, un agarre enganchado hará que sea difícil evitar las manchas.

- Gira el papel horizontalmente para que la parte superior esté hacia la derecha. Esto lo posicionará para escribir desde la parte superior de la página hacia tu cuerpo mientras mantienes el brazo en un ángulo cómodo.

- Prueba diferentes plumas. Debido a todos los agarres únicos de zurdos, no hay una pluma que funcione mejor. Algunos zurdos prefieren una pluma oblicua para diestros, otros una para zurdos (la briga está en el lado opuesto de la pluma) y algunos prefieren un pluma recta como se muestra aquí. Te recomiendo que compres la pluma más barata que puedas encontrar en los tres estilos y experimentes antes de invertir en una pluma de mejor calidad.

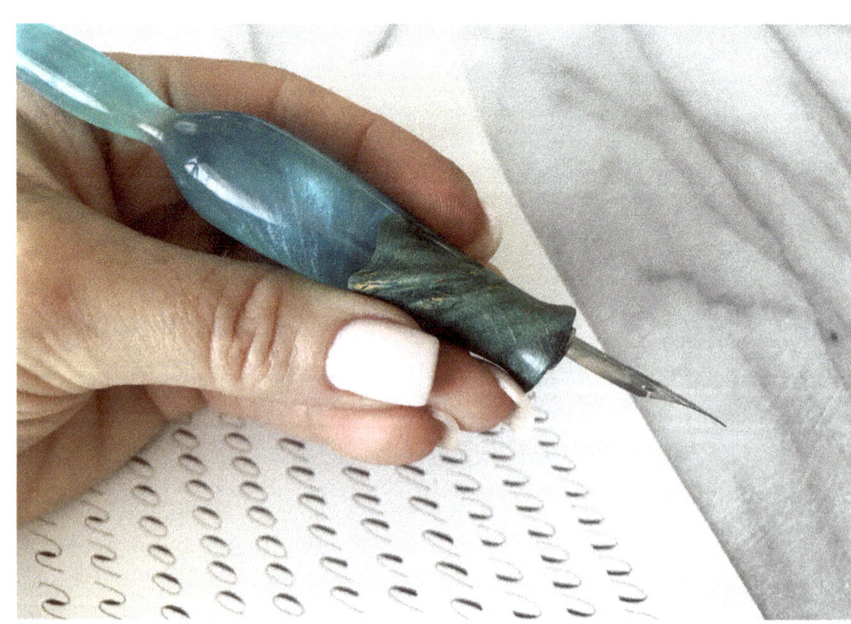

ANATOMÍA DE LA PLUMILLA

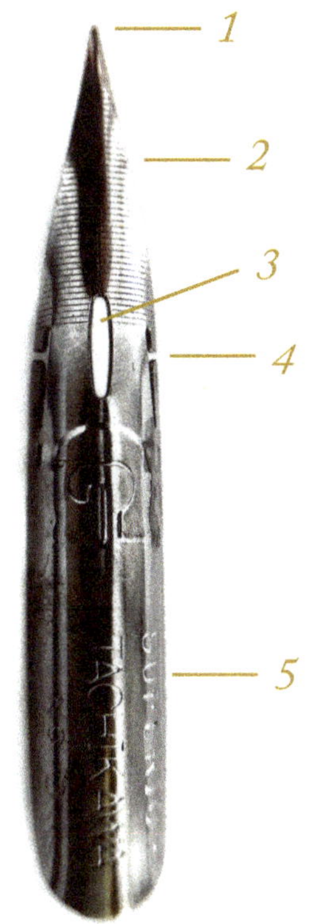

1. ***Punta:*** La punta de la plumilla debe unirse como una sola punta sin espacio en la corte.

2. ***Púas:*** La corte divide la plumilla en dos púas que deben estar tan apretadas cuando en posición de reposo que parecen ser una sola pieza de metal. Durante el uso, las púas se extienden con presión para crear trazos más gruesos.

3. ***Respiradero o el ojo:*** El respiradero en el centro de la plumilla permite la flexibilidad de las púas y crea un depósito de tinta a través de las propiedades de tensión superficial de los líquidos. Algunas marcas usan formas elegantes para el ojo, mientras que otras lo dejan simple.

4. ***Cortes de hombro:*** Los cortes adicionales en el metal en los lados de la plumilla crean flexibilidad y evitan que el metal se agriete al doblarse con el uso.

5. ***Mango :*** El cuerpo o base de la plumilla que se inserta en la brida. Es también donde se estampa la marca y modelo para la identificación de la plumilla.

VARIEDAD DE PLUMILLAS

Hay cientos de plumillas por venta. La tienda de arte local puede tener algunas plumillas puntiagudas pero la mayoría de la gente necesita comprarlas en línea. Tengo algunas de las plumillas populares en mi tienda y hay muchas más en sitios como Paper & Ink Arts.

- ***Antiguas o modernas:*** He evitado la tentación de comprar plumillas antiguas. Pueden ser bastante caras y difíciles de encontrar. Las plumillas modernas están bien construidas y la mayoría cuestan menos de un par de dólares. Esto me permite mantener un suministro bien surtido y reemplazarla sin preocuparme cuando la calidad de la escritura disminuye.

- ***La punta:*** Lo puntiagudo de la plumilla es lo que determina la finura de los trazos ascendentes (movimiento hacia arriba). Por ejemplo, el EF de Leonardt Principal es más agudo que el Brause Steno y por lo tanto crea un trazo más fino. Las plumillas más puntiagudas pueden tener una mayor tendencia a engancharse en el papel.

- ***Flexibilidad:*** La flexibilidad de la plumilla determina el grosor de los trazos sombreados (los trazos más gruesos creados al escribir en un movimiento hacia abajo). Las plumillas más flexibles son más difíciles de usar, ya que se necesita tener mejor control manual para mantener la presión constante, de lo contrario, algunas de las sombras serán más gruesas que otras. Para probar la flexibilidad de una plumilla, separa las púas contra el dedo. Notarás la diferencia entre dos plumillas al compararlas. Por ejemplo, la Brause Rose se separa mucho más fácilmente que la Nikko G porque es más flexible.

- ***Tamaño:*** El tamaño de la plumilla determinará la cantidad de tinta retiene y, por lo tanto, la frecuencia con la que necesitas sumergir. Por ejemplo, el Brause EF66 retiene mucha menos tinta que el Brause Steno 361.

- ***Puntiagudas o troncadas:*** Para este tipo de caligrafía, así como las manos tradicionales como Copperplate y Spenceriana, compra plumillas puntiagudas. Las puntas troncasas son de punta plana como un cincel y se usan en otras formas de caligrafía, como uncial y blackletter.

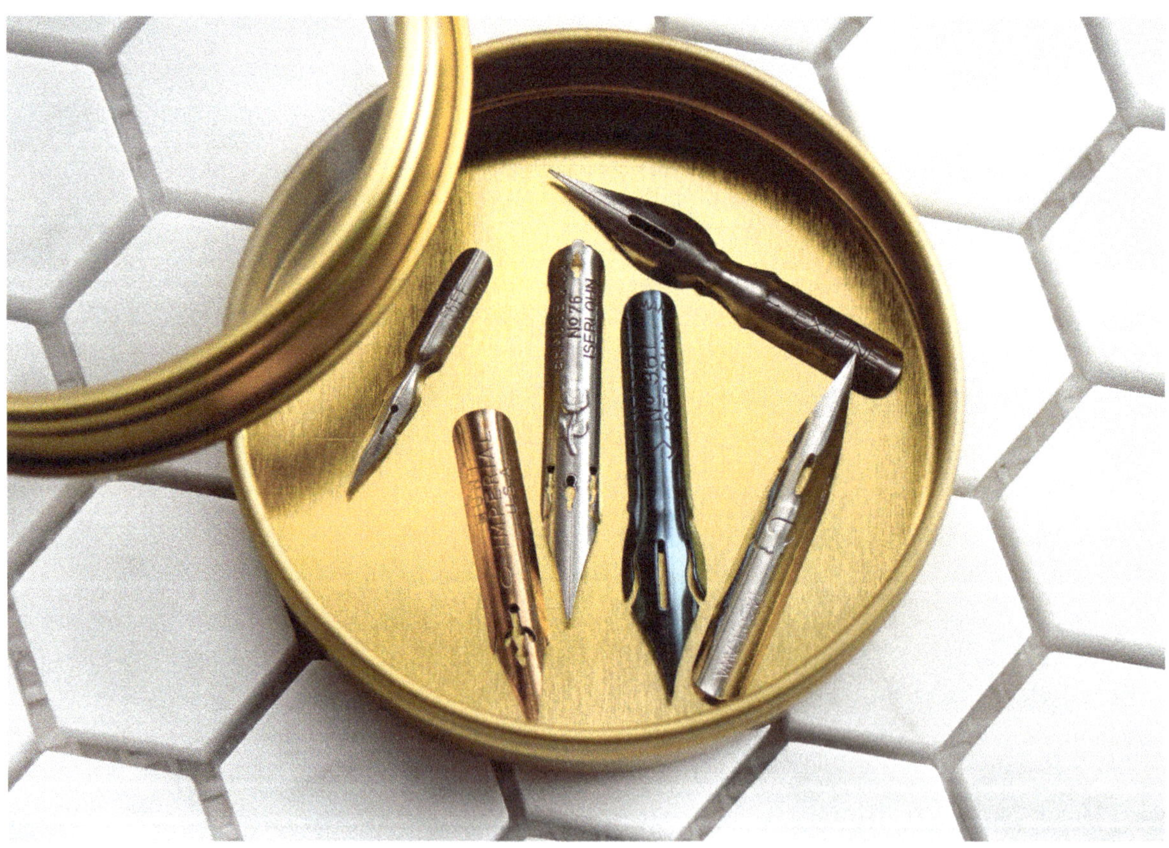

PLUMILLAS DE PRÁCTICA

Al empezar, recomiendo que usas plumillas menos flexibles ya que son más fáciles de controlar. Algunas excelentes plumillas para principiantes (y amadas también por los expertos) son Tachikawa G, Nikko G, Zebra G, Hiro 40 o Brause Steno 361. Uno de mis favoritos es el Tachikawa G, que incluyo con cada uno de nuestras plumas hechas a mano y las uso en todos mis talleres. Pero no hay una sola plumilla perfecta. Si tienes la oportunidad de usar una variedad, puedes ver cuál te funciona mejor. Con el tiempo y con diferentes tintas y papeles, es posible que las plumillas diferentes funcionen mejor (así que no las tires, incluso si no te gustan en este momento).

ALINEACIÓN DE LA PLUMILLA

Al insertar la plumilla en la brida, la punta debe alinearse con el eje central de la pluma. Si la pluma está bien construida con la brida asegurada en un ángulo específico a las dimensiones de la pluma individual, la plumilla estará bien posicionada. Por "bien posicionado" me refiero a que la plumilla se inserta lo suficiente en la brida para sostenerla de forma segura y, mientras tanto, se expone lo suficiente para permitir que se sumerge la plumilla hasta mojar el ojo pero sin sumergir la brida. Existe una amplia gama de precios de las plumas, pero cualquiera pluma con la geometría adecuada es una buena pluma. El resto es simplemente estética y depende de lo que te es más cómoda de sostener (por ejemplo, nuestas plumas hechas a mano son más gruesas porque se me hacen más cómodas).

No es necesario esperar hasta que seas un experto para usar una pluma oblicua. Enseño a todos los estudiantes principiantes con una pluma oblicua. Claro que hay algunos calígrafos profesionales que prefieren la pluma recta, pero la mayoría está de acuerdo en que el ángulo de la pluma oblicua mejora la escritura y ayuda a crear la inclinación que se desea en la mayoría de los estilos caligráficos sin torcer la mano.

Aunque las plumas oblicuas se ven intimidantes, siempre que las agarras correctamente, no son más difíciles de usar.

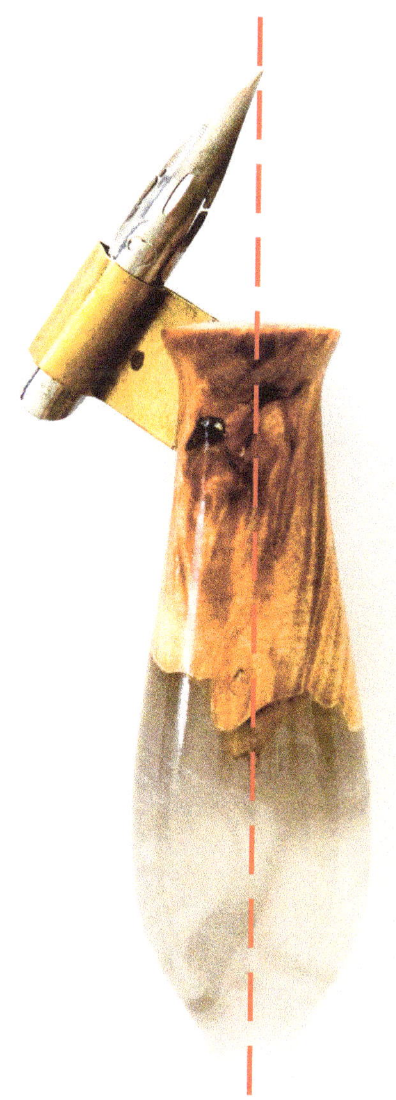

PREPARACIÓN Y CUIDADO DE PLUMILLAS

Existen muchas técnicas para preparar las plumillas nuevas. La plumilla debe estar limpia para que la tinta se pega a ella. Los aceites de almacenamiento que se usan para proteger las plumillas nuevas e incluso el aceite de los dedos hará que la tinta se escurre. Algunas formas fáciles de limpiar una plumilla incluyen: Windex, alcohol isopropílico, toallitas Clorox y saliva. No toques la plumilla después de limpiarla (¡los aceites de los dedos!), Por eso es mejor limpiarla cuando ya esté insertada en la pluma. Si necesitas ajustar la plumilla en la pluma después de limpiarla, agárrala con una toalla de papel para evitar tocarla.

Mientra escribe, para evitar que la tinta se seque sobre la plumilla y bloquea el flujo de la tinta, enjuaga periódicamente la plumilla con agua, como un pintor enjuagar el pincel (pero solo debe sumergir la plumilla y no la brida o la pluma). Mantiene las toallas de papel a mano para secar la plumilla. Al terminar siempre limpia y seca las plumillas antes de guardarlas.

Foto izquierda: La tinta no se adhiere bien a la plumilla. Sólo hay una pequeña cantidad de tinta en la punta. Los aceites en la plumilla hacen que la tinta se desprenda.
Foto derecha: Después de una limpieza con Windex, la tinta se pega a la plumilla y está bien llena de tinta más arriba del ojo, pero no en la brida.

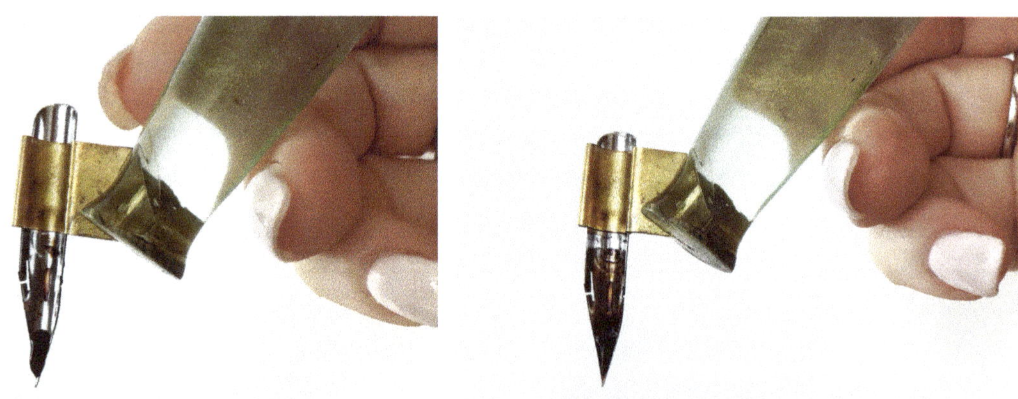

LONGEVIDAD DE LA PLUMILLA

Con la tinta japonesa y papel suave, puedes usar la misma plumilla por meses, siempre y cuando las púas no se doblen al guardarlas o durante la limpieza. Sin embargo, si usas una tinta muy ácida como la tinta de hierro o escribes sobre una superficie abrasiva como la piedra, la plumilla puede durar solo una sesión. Si las púas ya no se cierran en punta perfecta o la plumilla se ha oxidado hasta obstruir el flujo de tinta, es hora de tirarla. Lo bueno de las plumillas modernas es que son bastante baratas. Al fin de cuentas, son bastante desechables.

No te tortures tratando de usar una plumilla que ya no funciona bien. Es mejor comprar las plumillas en paquetes para tener varias.

SUMERGIR EN TINTA

Al sumergir la plumilla en tinta, sumerge la plumilla hasta llenar el ojo con tinta. Esta abertura en la plumilla le permite llenar de más tinta debido a las propiedades de tensión superficial de los líquidos. Después de sumergirla, agite suavemente la pluma o toca la plumilla del borde del frasco para eliminar el exceso de tinta que pueda causar un goteo.

Cuando se abre el ojo, será tu señal de que lo necesitarás sumergir pronto. Encuentra un buen lugar entre trazos para mojar. Si la tinta no se pega a la parte inferior de la punta, límpiala de nuevo. Observa cómo más tinta se adhiere a la punta de la limpiadora que es. Ten cuidado de no mojar la pestaña en la tinta o goteará sobre el papel. Si accidentalmente se sumerge demasiado, simplemente retira la punta y saca la tinta de la brida con una toalla de papel.

TINTAS DE PRÁCTICA

Hay tantos colores divertidos y todo tipo de magníficos metálicos brillantes, pero no todas las tintas son igualmente fáciles de usar. Al practicar y con los estudiantes, creo que es mejor mantener el enfoque en la forma de las letras y no en la tinta en sí. Por lo tanto, recomiendo seguir con tinta de nuez o tinta sumi (que viene en negro o bermellón) para practicar.

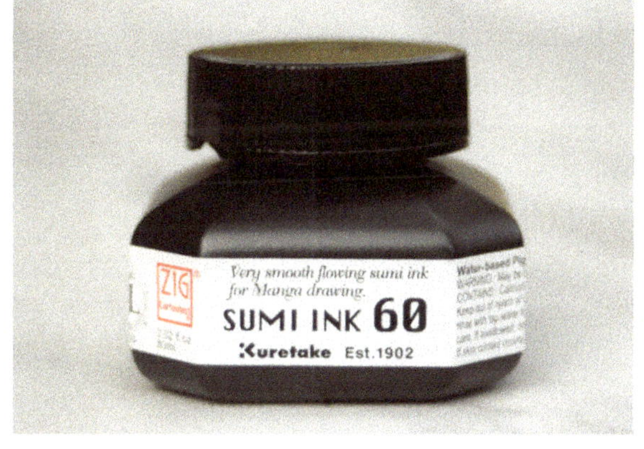

Cuando te sientas cómodo y confiado al escribir con la plumilla, diviértate experimentando con la extensa variedad de colores. Me gustan las colores iridiscentes del Dr. Ph Martin y hay un sinfin de colores de gouaches y pigmentos Pearl Ex.

Las tintas acrílicas se secan en los sustratos no porosos o brillantes, como la ágata y los papeles brillosos. Además, las tintas acrílicas agregan el beneficio de la permanencia, que puede ser especialmente útil con los sobres cuando existe la preocupación del mal tiempo. El aviso que daré es que las tintas acrílicas pueden ser difíciles y tienen la tendencia a desprenderse de la plumilla, creando una gota de tinta en el papel. Las mejores tintas acrílicas que he encontrado son las de Ziller.

Pero, una vez más, recomiendo usar tintas de nuez y sumi hasta desarrollar una competencia básica. Lo último que quieres es sentirte frustrado por las tintas difíciles cuando intentas aprender una nueva técnica o estilo. Normalmente todavía uso sumi o tinta de nuez para practicar, de modo que toda mi atención mental se concentra en mi objetivo de práctica para esa sesión.

MEZCLA DE TINTA

La mayoría de las tintas de colores y metálicas se separan con el tiempo, haciendo que el pigmento y el brillo se hundan hasta el fondo. Se puede usar una pequeña varilla para mezclar la tinta antes de cada inmersión o puede usar un mezclador eléctrico. Hay varios mezcladores eléctricos dependiendo de sus necesidades. El mezclador magnético marca inkmethis se enchufa mientras que otros funcionan con baterías.

Al usar los pigmentos en polvo como Pearl Ex, lo más importante es usar goma arábiga. La goma arábiga está hecha de resina de acacia y actúa como el aglutinante para pegar el pigmento al papel. Se presenta tanto en forma seca como en forma líquida. Para usar los polvos de pigmento Pearl Ex, mezcla partes iguales de pigmento y agua y luego agrega la mitad de goma arábiga (por ejemplo, 1 cucharadita de pigmento, 1 cucharadita de agua, 1/2 cucharadita de goma arábiga).

Si solo agregas agua, tu escritura eliminará la página al secarse. Mucha mezcla de tinta es experimental, así que ajústala según sea necesario. Si la tinta no fluye, lo más probable es que la tinta sea demasiado espesa y necesite más agua. Si la tinta se borra cuando está seca, agrega más goma arábiga.

Cuando se usa gouache, simplemente se diluye con agua agregándolo poco a poco hasta lograr un buen flujo de tinta. El gouache ya contiene goma arábiga, pero puede agregar un

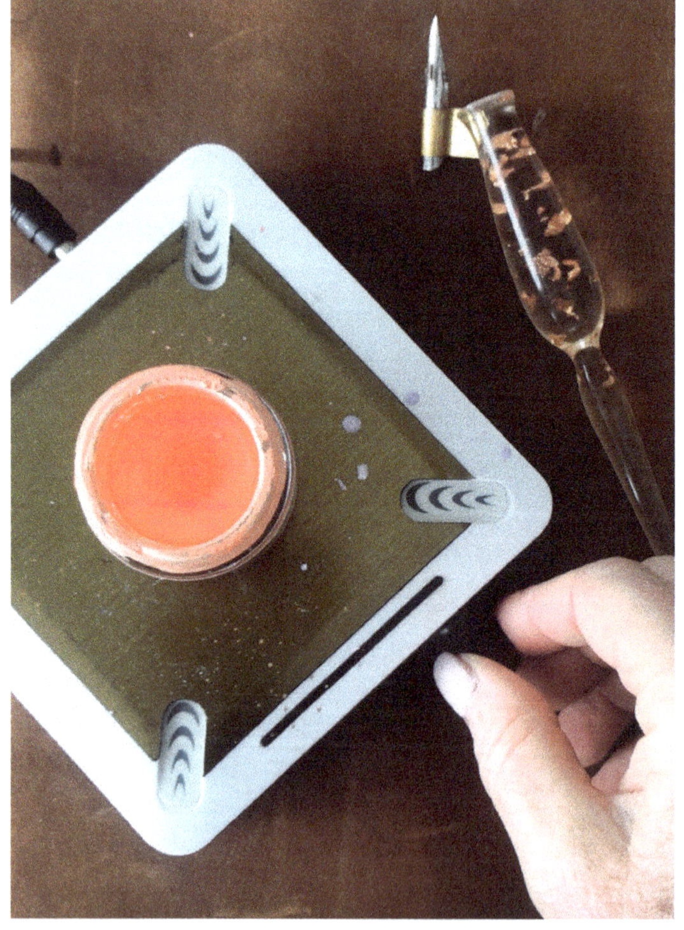

Photo: Magnetic ink stirrer from inkmethis.com.

poco más para hacer que la tinta sea más brillante. La goma arábiga también se puede agregar a la tinta blanca para reducir la aparencia de tiza y ayudar a prevenir el agrietamiento (especialmente en sobres que pasarán a través de las máquinas postales).

PAPELES DE PRÁCTICA

El mejor papel para la práctica de caligrafía es un papel liso y no absorbente. La baja absorbencia previene que la tinta se disperse y la lisura permite que la plumilla se deslice sin engancharse. Algunos ejemplos de papeles lisos que recomiendo para la práctica: HP Premium 32, Rhodia y Claire Fontaine. Si está imprimiendo páginas de práctica, asegúrete de usar papel como HP Premium en la copiadora. El papel de copiadora normal causa que la tinta se dispersa y que la plumilla se engancha causando salpicaduras y mucha frustración.

Cuando esté listo para crear una pieza para regalar o enmarcar, los papeles de acuarela funcionan bien para la caligrafía ya que están diseñados para aguantar la humedad de la pintura (para nosotros, será tinta). Los papeles de acuarela prensados en frío tienen más textura, que es hermosa pero más difícil de usar, mientras que los papeles de acuarela prensados en caliente son más suaves. El papel de acuarela se puede comprar en línea o en su tienda favorita de arte.

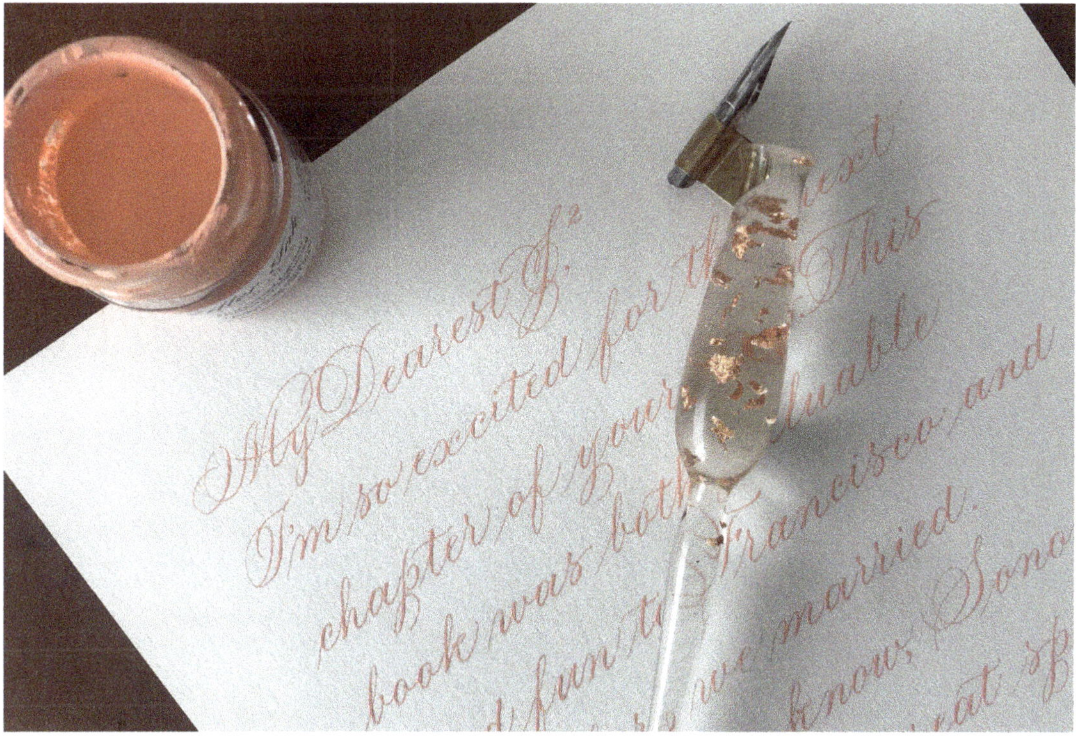

Foto: Tinta Ziller en papel de aquarela prensados en frío.

LISTA DE SUMINISTROS

Primero, no es necesario gastar mucho dinero en montones de suministros para crear magníficas obras de caligrafía. De hecho, soy bastante simple en mi colección personal de materiales y suministros. Sin embargo, las opciones ofrecidas son extensas y un poco asombrosos cuando recién empiezas. Espero que esta lista te ayude a escoger bien y gastar menos. Además, en mi sitio inkmethis.com, trato de mantener una lista actualizada de los enlaces de Amazon a las marcas que compro y recomiendo. No estoy empleada de ninguna manera por las marcas mencionadas, simplemente son mis recomendaciones personales.

Lo escencial:
- Pluma de buena construcción*
- Variedad de plumillas apuntiagudas
- Tinta sumi (tinta japonesa)
- Papel liso
- Hojas de guía (gratuitas en inkmethis.com)

Foto: Kit completo de caligrafía ofrecido por inkmethis.com.

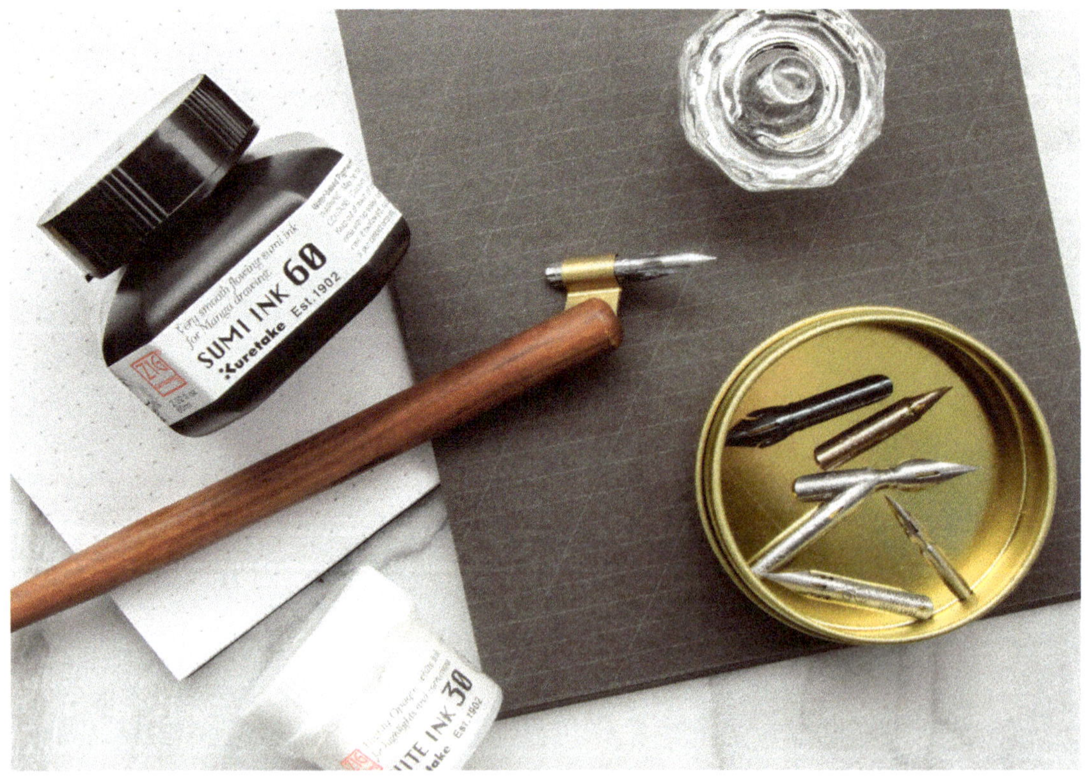

El siguiente nivel:

- Tinta blanca
- Goma arábiga
- Tintas de color o metalizadas
- Agitador magnético para mezclar tinta*
- Pad de cuero o un bloc transparente para escribir*

Para obras de presentación:

- Papel grueso de calidad de caligrafía (como papel de acuarela)
- Tendedero para sostener los papeles con tinta mojada*
- Nivel láser
- Regla de plástico transparente
- Caja de luz para trazar la copia final
- Phantom Writer (crea la ilusión visual de líneas de guía en tu papel)
- Borrador suave

Suministros especializados hechos y ofrecidos por inkmethis.com

Foto: Mi configuración de escritorio típica para un proyecto es una caja de luz con un bloc transparente y hoja de guía, agua, tinta, toallas de papel y tendedero.

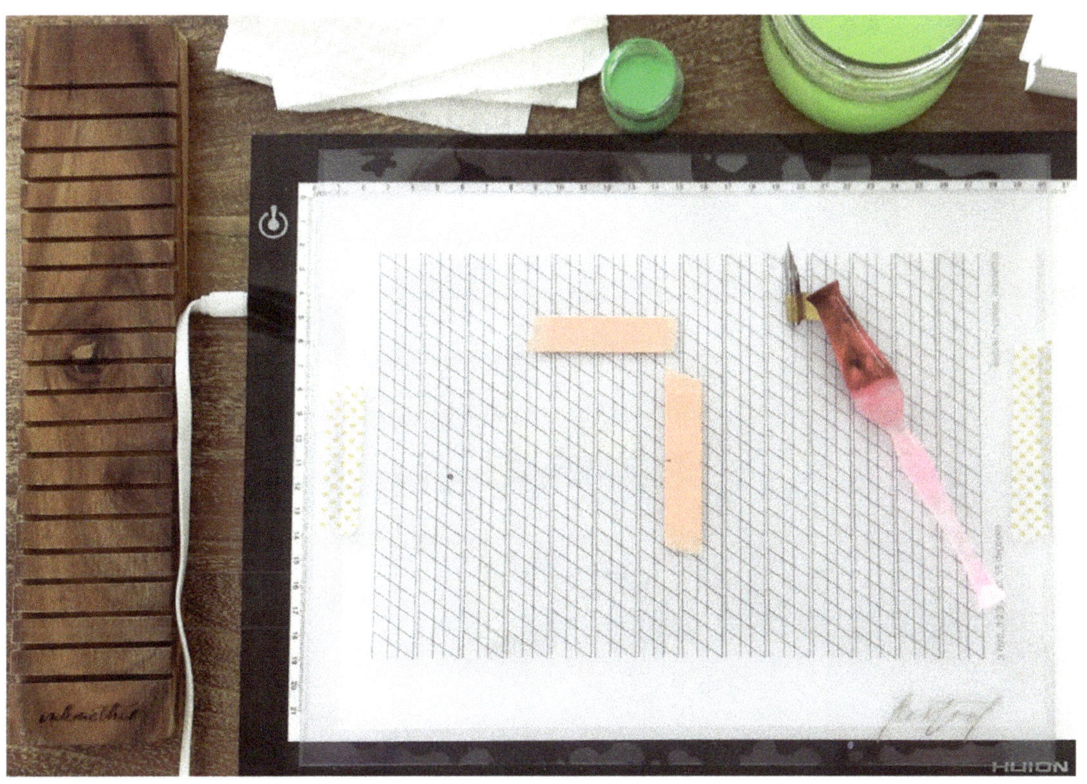

2.

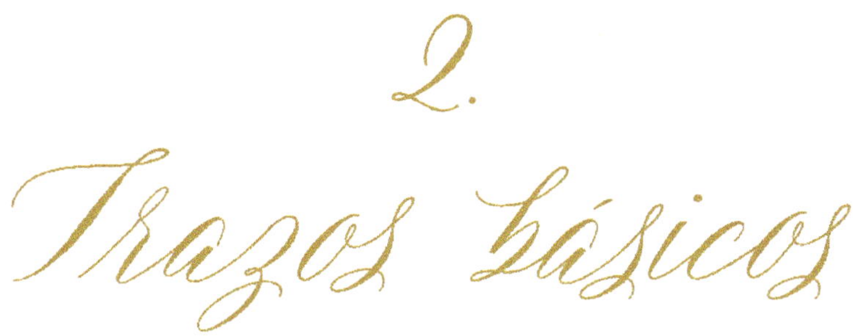

¡Estamos listos para poner tinta en el papel!

En esta sección, aprenderás lo que se denominan los "trazos básicos" de caligrafía. Estos trazos son la base de casi todas las letras minúsculas. Por lo tanto, aunque parezcan tontos, son extremadamente importantes. Todavía, hasta el día de hoy, practico los trazos básicos antes de comenzar una obra.

Mientras practicas, ten en cuenta cada movimiento. No te apresures. Como un atleta en entrenamiento, tu objetivo es desarrollar la memoria muscular. Y como un atleta, quieres practicar usando la forma correcta. La práctica descuidada o apresurada conduce a la memoria muscular descuidada. Ve despacio y concéntrate en cada trazo. Si te aburres y te apresuras (también me pasa cuando no estoy de humor), eso significa que no es buena idea practicar en ese momento.

En caligrafía, el objetivo final es tener consistencia: consistencia de ángulo, espaciado, de presión (lo que determina qué tan gruesas son los trazos) y consistencia de tamaño. Independientemente del estilo, desde el tradicional hasta el moderno, esta consistencia es lo que hará que tu escritura se vea avanzada y visualmente atractiva.

En la parte superior de la página, he demostrado el desglose y la dirección del trazo. Comienza cada trazo en el círculo abierto. Después de trazar varias líneas, escribirás de forma independiente.

Recordatorios:
- Mover el papel para permanecer en la "zona de escritura"
- Remojar la plumilla en tinta después de ver que se abra el ojo
- Enjuagar la plumilla periódicamente
- Revisar frecuentemente la rotación de la pluma en tu mano
- Escribir lentamente
- ¡¡Esto es divertido!!

Esta sección está a 6.5 mm altura x con guías inclinadas a 55°.

TRAZO DE PRESIÓN (SOMBRAS)

Comienaza en la parte superior y realiza un movimiento hacia abajo aplicando una ligera presión sobre la plumilla.

METAS

Aplica una presión constante para crear el mismo grosor de trazo hasta el fondo. Trata de espaciar los trazos uniformemente y sigue la inclinación de las guías.

TRAZOS ASCENDENTES

Comienza en la parte inferior y realiza un trazo hacia arriba sin aplicar presión sobre la plumilla.

METAS

Toca el papel lo más suavemente posible para crear una línea delicada. Espacio e inclinación iguales.

ONDA HACIA ABAJO

Comienza en la línea superior. Usa la presión en el trazo descendente, haciendo la transición a un trazo fino hacia arriba sin presión.

METAS

Trata de tener curvas de la misma anchura.

ONDA HACIA ARRIBA

Comienza en la línea de base. No ejerzas presión en el trazo ascendente ni en la curva. Empieza a poner presión en el trazo descendente hasta la línea de base.

METAS

Trata de tener curvas de la misma anchura. Las curvas deben ser líneas finas.

CURVA COMPUESTA

Comienza en la línea de base. No ejerzas presión en el trazo ascendente ni en la curva. Empieza a poner presión en el trazo descendente y transiciona a un trazo ascendente sin presión.

METAS

Trata de tener transiciones graduales de trazos gruesos a finos. Las curvas deben ser líneas finas.

CURVA COMPUESTA (REVERSA)

Comienza en la línea superior. Usa la presión en el trazo descendente, haciendo la transición a un trazo fino hacia arriba sin presión, y de vuelta a un trazo descendente de presión.

METAS

Trata de tener transiciones graduales de trazos gruesos a finos. Las curvas deben ser líneas finas.

ASTA ASCENDENTE CON TRAZO DE ENTRADA

Comienza en la línea de base y dibuja una curva suave hacia arriba a la línea superior. Levanta la plumilla y mueve a la derecha (el ancho del trazo descendente) para comenzar nuevamente el trazo ascendente. Redondea la parte superior en la asta ascendente y dibuja hacia abajo con presión.

METAS

La parte superior de la curva debe ser un trazo fino. Las transiciones de grueso a fino deben ser graduales.

ASTA DESCENDENTE CON TRAZO DE SALIDA

Comienza en la línea superior y dibuja un trazo descendente. Redondea la curva y sube hasta la línea de base. Al alcanzar la línea de base, levanta la plumilla del papel y salta el trazo descendente (esto evita arrastrar la tinta para mantener las uniones de líneas limpias).

GOALS

La parte interior de la curva debe ser un trazo fino. Las transiciones de grueso a fino deben ser graduales.

ÓVALO

Comienza en la línea superior y dibuja hacia la izquierda, aumentando gradualmente la presión y luego disminuyendo gradualmente la presión al rondear la curva y subir

METAS

Las curvas deben ser líneas finas. Las guías inclinadas diseccionan el óvalo.

PRÁCTICA

Usa este espacio para práctica adicional a 6.5 mm altura x con guías inclinadas a 55°.

3.
Ejemplar

A B C D E F G

H I J K L M N

O P Q R S T

U V W X Y Z

a b c d e f g h i j k l m n

o p q r s t u v w x y z

4.

Minúsculas

¡¡Vamos a hacer letras!! La parte fabulosa de las minúsculas es que casi todas las letras se forman combinando los trazos básicos que acabas de practicar. Por lo tanto, casi puedes considerarte un experto de las minúsculas incluso antes de comenzar.

Notarás que cada página está dedicada a practicar una sola minúscula. Busca los trazos básicos que se combinan para formar cada uno. Como ya mencionamos, estamos tratando de fortalecer esos movimientos básicos en nuestra memoria muscular.

Mientras practicas, ten en cuenta cada trazo separado. La principal diferencia entre la caligrafía y la escritura cursiva tradicional es que no escribimos en una secuencia continua. Más bien, creamos letras "dibujando" cada trazo por separado tal como lo hiciste en la sección anterior. Levantar la plumilla ligeramente del papel entre cada trazo también sirve para "restablecer" tus músculos. Esto te da la oportunidad de concentrarte en un trazo a la vez y hace que todo esto sea un poco más fácil.

También notarás que las páginas no están ordenadas en orden alfabético. Cuando enseño la caligrafía, enseño las minúsculas en orden de creación de formas en lugar de alfabéticamente. ¡Pero no te preocupes! Están todos incluidos.

En la parte superior de la página, muestro el desglose y la dirección del trazo. Comienza cada trazo en el círculo abierto. Después de trazar varias líneas escribirás de forma independiente.

Recordatorios:
- Mueva el papel para quedarte en tu "zona de escritura"
- Entinta la plumilla entre trazos después de que el ojo se abre.
- Comprueba la rotación de la pluma en la mano
- Respira

Esta sección está a 6.5 mm de altura x con guías inclinadas a 55°.

Trazo 1

Trazo 2

El punto: Usa un movimiento circular. El punto debe tener el mismo ancho que el cuerpo de la letra.

empezar = ○
siempre subir sin
presión y bajar con
presión

Trazo 1　　Trazo 2

empezar = ○
siempre subir sin
presión y bajar con
presión

x

x

x

x

x

x

x

x

x

Trazo 1

empezar = ○
*siempre subir sin
presión y bajar con
presión*

Trazo 1 Trazo 2

empezar = ○
*siempre subir sin
presión y bajar con
presión*

Trazo 1	Trazo 2

empezar = ○
siempre subir sin
presión y bajar con
presión

x
x
x
x
x
x
x
x
x

Trazo 1   *Trazo 2**   **o un trazo bajando
sin presión*

empezar = ○
siempre subir sin
presión y bajar con
presión

x

Trazo 1
Trazo 2
El punto: Usa un movimiento circular. El punto debe tener el mismo ancho que el cuerpo de la letra.
empezar = ○
siempre subir sin presión y bajar con presión
x

Trazo 1

Trazo 2

empezar = ○
siempre subir sin
presión y bajar con
presión

x

x

x

x

x

x

x

x

x

Trazo 1

empezar = ○
siempre subir sin
presión y bajar con
presión

Trazo 1

empezar = ○
siempre subir sin
presión y bajar con
presión

x

Trazo 1

x *e*

x *e*

x *e*

x *e*

x *e*

x *e*

x *e*

x *e*

x *e*

Trazo 1

Trazo 2

empezar = ○
*siempre subir sin
presión y bajar con
presión*

x

x

x

x

x

x

x

x

x

Trazo 1   *Trazo 2*

empezar = ○
siempre subir sin
presión y bajar con
presión

x

x

x

x

x

x

x

x

Trazo 1

Trazo 2

empezar = ○
siempre subir sin
presión y bajar con
presión

x

x

x

x

x

x

x

x

x

Trazo 1

empezar = ○
siempre subir sin
presión y bajar con
presión

x

x

x

x

x

x

x

x

x

Trazo 1   *Trazo 2*

empezar = ○
siempre subir sin
presión y bajar con
presión

x *d*

x *d*

x *d*

x *d*

x *d*

x *d*

x *d*

x *d*

Trazo 1   *Trazo 2*

empezar = ○
siempre subir sin
presión y bajar con
presión

x

x

x

x

x

x

x

x

x

Trazo 1   Trazo 2

empezar = ○
siempre subir sin presión y bajar con presión

x

*Trazo 1**

** un solo trazo*

empezar = ○
siempre subir sin
presión y bajar con
presión

x

x

x

x

x

x

x

x

x

Trazo 1

Trazo 2

empezar = ○
siempre subir sin presión y bajar con presión

x

x

x

x

x

x

x

x

x

Trazo 1 *Trazo 2* *Trazo 3*

empezar = ○
siempre subir sin presión y bajar con presión

Trazo 1 *Trazo 2*

empezar = ○
siempre subir sin
presión y bajar con
presión

x

x

x

x

x

x

x

x

Trazo 1

x

x

x

x

x

x

x

x

x

Trazo 1

*empezar = ○
siempre subir sin
presión y bajar con
presión*

x

x

x

x

x

x

x

x

Trazo 1 Trazo 2

empezar = ○
siempre subir sin
presión y bajar con
presión

x
x
x
x
x
x
x
x
x

Trazo 1

Trazo 2

empezar = ○
*siempre subir sin
presión y bajar con
presión*

x

x

x

x

x

x

x

x

PRÁCTICA

Usa este espacio para la práctica adicional (6.5 mm x altura, 1: 1: 1, líneas inclinadas a 55 grados).

x

x

x

x

x

x

x

x

x

x

x

x

x

x

x

x

x

x

x

5.

Mayúsculas

¡Eres increíble! Vamos a empezar con las mayúsculas. Al igual que con el capítulo de minúsculas, cada página está dedicada a practicar una sola letra. Ésta sección está en orden alfabético, ya que no se prestan tan bien a la organización por su forma.

Ahora que tienes mucha práctica, quiero que te enfoques en la presión que se aplique a la puntilla. Trata de hacer que tus trazos hacia abajo tengan el mismo grosor (en otras palabras, trata de no tener algunas letras más gruesas que otras). Aplica la misma cantidad de presión a la plumilla cada vez. En la caligrafía, el objetivo es la consistencia. Cuanto más consistente seas, más experta aparecerá tu escritura.

La consistencia de la presión de la puntilla requiere mucha práctica y requiere una sintonización mental de cómo se sienten los músculos de la mano al escribir. Solo presta atención, pero sé amable contigo mismo si aún no tienes éxito todavía. Será nuestra meta y, como todas las metas, no son habilidades que tenemos todavía, sino habilidades por las que nos esforzamos a través de la práctica y la conciencia.

He demostrado en la parte superior de la página el desglose y la dirección del trazo. Comienza cada trazo en el círculo abierto. Después de trazar varias líneas, escribirás de forma independiente.

Recordatorios:
- Mueve el papel para quedarte en tu "zona de escritura"
- Entinta la plumilla entre trazos después de que el ojo se abre.
- Comprueba la rotación de la pluma en la mano
- Respirar

Esta sección está a 6.5 mm de altura x con guías inclinadas a 55°.

Trazo 1

Trazo 2

empezar = °
siempre subir sin
presión y bajar con
presión

x

x

x

x

x

x

x

x

*Trazo 1** ** un solo trazo*

empezar = ○
siempre subir sin
presión y bajar con
presión

x

Trazo 1

Trazo 1

** un solo trazo*

empezar = ○
siempre subir sin
presión y bajar con
presión

*Trazo 1** ** un solo trazo*

empezar = ○
siempre subir sin presión y bajar con presión

x

x

x

x

x

x

x

x

x

Trazo 1
Trazo 2
empezar = ○
siempre subir sin
presión y bajar con
presión

Trazo 1

Trazo 2

empezar = ○
siempre subir sin
presión y bajar con
presión

x

x

x

x

x

x

x

x

x

Trazo 1

Trazo 2

empezar = ○
siempre subir sin
presión y bajar con
presión

x

x

x

x

x

x

x

x

x

Trazo 1

empezar = ○
siempre subir sin
presión y bajar con
presión

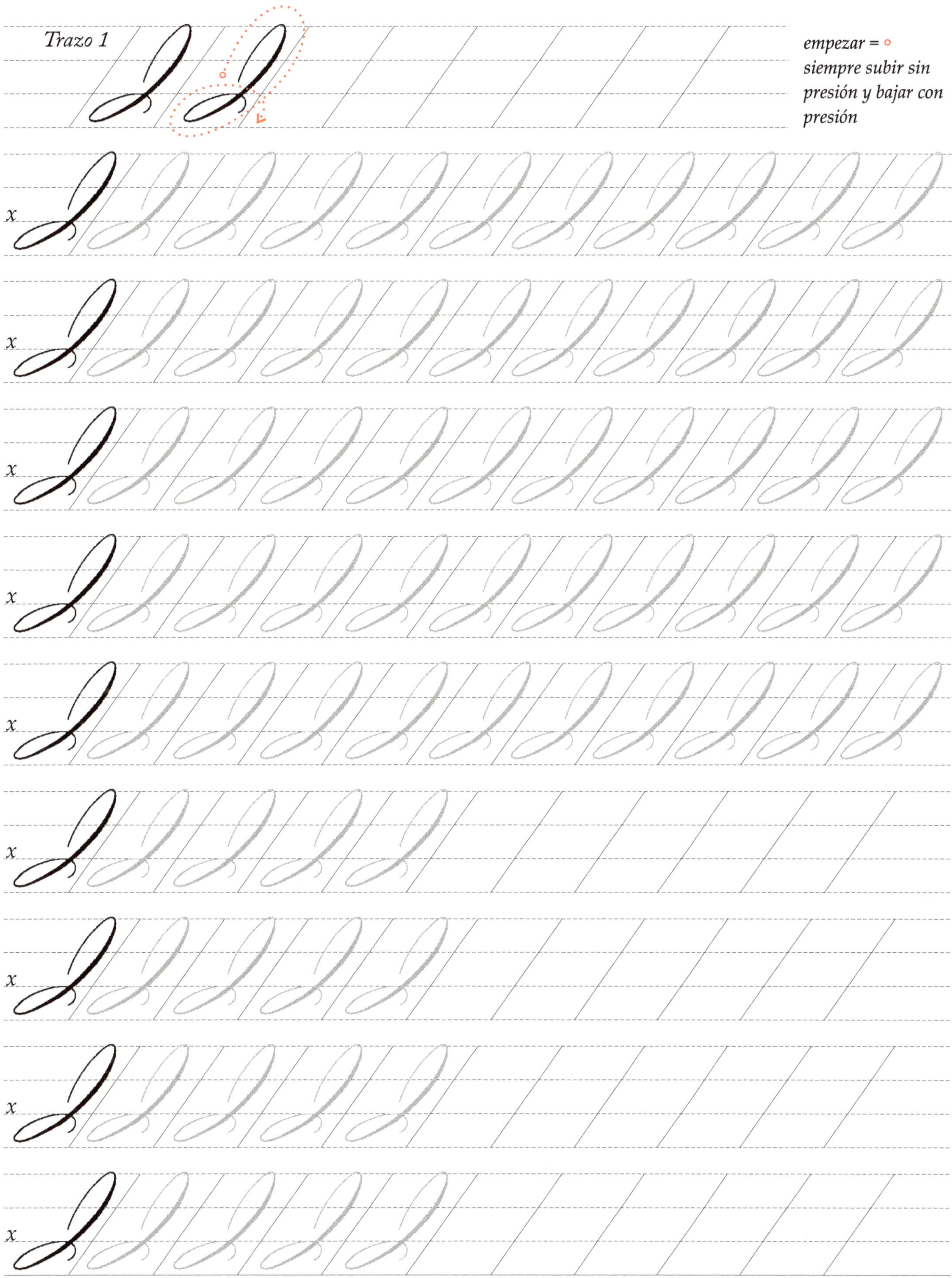

Trazo 1
empezar = ○
siempre subir sin
presión y bajar con
presión

Trazo 1   *Trazo 2*

empezar = ○
siempre subir sin presión y bajar con presión

x

Trazo 1

Trazo 1   *Trazo 2*

empezar = o
siempre subir sin
presión y bajar con
presión

x

x

x

x

x

x

x

x

Trazo 1

empezar = ○
siempre subir sin
presión y bajar con
presión

x

x

x

x

x

x

x

x

x

Trazo 1

x

x

x

x

x

x

x

x

x

Trazo 1

x

x

x

x

x

x

x

x

x

Trazo 1

Trazo 2

empezar = ○
siempre subir sin
presión y bajar con
presión

x

x

x

x

x

x

x

x

x

*Trazo 1** ** un solo trazo* *empezar = ○*
siempre subir sin
presión y bajar con
presión

x

x

x

x

x

x

x

x

Trazo 1

empezar = ○
siempre subir sin
presión y bajar con
presión

Trazo 1

empezar = ○
siempre subir sin presión y bajar con presión

x

x

x

x

x

x

x

x

x

Trazo 1   Trazo 2   empezar = ○
siempre subir sin
presión y bajar con
presión

x

x

x

x

x

x

x

x

x

Trazo 1

empezar = ○
siempre subir sin
presión y bajar con
presión

x

x

x

x

x

x

x

x

Trazo 1   Trazo 2

empezar = ○
siempre subir sin
presión y bajar con
presión

x

Trazo 1

Trazo 2

**o un trazo bajando
sin presión*

empezar = ○
*siempre subir sin
presión y bajar con
presión*

x

x

x

x

x

x

x

x

x

Trazo 1

Trazo 2

empezar = ○
siempre subir sin
presión y bajar con
presión

x

x

x

x

x

x

x

x

Trazo 1*
* un solo trazo
empezar = ○
siempre subir sin
presión y bajar con
presión

PRÁCTICA

Usa este espacio para la práctica adicional (6.5 mm x altura, 1: 1: 1, líneas inclinadas a 55 grados).

x

x

x

x

x

x

x

x

x

x

6.

Números

¡Los números! Una parte tan importante de cada sobre y tarjeta de acompañamiento, y sin embargo, a menudo se nos olvida practicar los números.

Los números son típicamente más grandes que la altura x. Observa que se extienden aproximadamente hasta la mitad de la línea ascendente.

Al comienzo de cada línea, muestro el inicio y la dirección del trazo. Comienza cada trazo en el círculo abierto. Después de trazar múltiples ejemplos, escribirás independientemente.

Recordatorios:
- Mueva el papel para quedarte en tu "zona de escritura"
- Entinta la plumilla entre trazos después de que el ojo se abre.
- Comprueba la rotación de la pluma en la mano
- Respira
- ¡¡¡Esto es divertido!!!

Esta sección está a 6.5 mm de altura x con guías inclinadas a 55°.

x 1 / 1 / 1 / 1 / 1 / 1 / 1 / 1 / 1 / 1 / 1

x 2 / 2 / 2 / 2 / 2 / 2 / 2 / 2 / 2 / 2 / 2

x 3 / 3 / 3 / 3 / 3 / 3 / 3 / 3 / 3 / 3 / 3

x 4 / 4 / 4 / 4 / 4 / 4 / 4 / 4 / 4 / 4 / 4

x 5 / 5 / 5 / 5 / 5 / 5 / 5 / 5 / 5 / 5 / 5

x 6 / 6 / 6 / 6 / 6 / 6 / 6 / 6 / 6 / 6 / 6

x 7 / 7 / 7 / 7 / 7 / 7 / 7 / 7 / 7 / 7 / 7

x 8 / 8 / 8 / 8 / 8 / 8 / 8 / 8 / 8 / 8 / 8

x 9 / 9 / 9 / 9 / 9 / 9 / 9 / 9 / 9 / 9 / 9

x 0 / 0 / 0 / 0 / 0 / 0 / 0 / 0 / 0 / 0 / 0

x 1 1 1 1 1 1

x 2 2 2 2 2 2

x 3 3 3 3 3 3

x 4 4 4 4 4 4

x 5 5 5 5 5 5

x 6 6 6 6 6 6

x 7 7 7 7 7 7

x 8 8 8 8 8 8

x 9 9 9 9 9 9

x 0 0 0 0 0 0

7.

Conexiones

Ahora que has praticado las letras individuales, pongamos algunas juntas. Conectar letras es simplemente una cuestión de espaciar nuestros trazos de modo que las letras se toquen para formar la apariencia de la letra cursiva conectada. En la mayoría de los casos, el trazo de salida de una letra sirve como el trazo de entrada de la siguiente letra. Eso será más claro ya que empecemos.

En este capítulo, practicaremos algunas combinaciones de letras como calentamiento antes deempezar con palabras completas. He incluido una selección de combinaciones de letras que son comunes al idioma español. En la parte superior de cada página, muestro cómo desglosaría los trazos utilizando un círculo abierto para mostrar dónde comenzaría cada nuevo trazo. Fíjate que en algunos casos, especialmente en las combinaciones que incluyen las letras r/s, la letra anterior fluirá hacia r/s como un trazo continuo. ¡No te preocupes! ¡Es solamente cuestión de la práctica!

Antes de escribir con tinta, intenta trazar ligeramente el ejemplo sin entintar la plumilla. Usa el espacio en blanco para intentar escribir de forma independiente.

Recordatorio:
- Levanta la puntilla entre cada trazo
- Presta atención al espaciado para que las letras se conecten
- ¡Ya estás empezando a escribir en una magnífica caligrafía!

Esta sección está a 6.5 mm de altura x con guías inclinadas a 55°.

Trazo 1　　Trazo 2　　Trazo 3

empezar = ○
siempre subir sin
presión y bajar con
presión

x ie ie ie ie ie ie ie ie ie ie

x ie ie ie ie ie ie ie ie ie ie

x ie ie ie ie ie

x ie ie ie ie ie

Trazo 1　　Trazo 2　　Trazo 3

x no no no no no no no no

x no no no no no no no no

x no no no no

x no no no no

Trazo 1 Trazo 2 Trazo 3

*empezar = ○
siempre subir sin
presión y bajar con
presión*

x

x

x

x

Trazo 1 Trazo 2 Trazo 3

x

x

x

x

Trazo 1   Trazo 2   Trazo 3

empezar = ○
siempre subir sin presión y bajar con presión

x ou ou ou ou ou ou ou ou

x ou ou ou ou ou ou ou ou

x ou ou ou ou

x ou ou ou ou

Trazo 1   Trazo 2   Trazo 3   Trazo 4

x an an an an an an an an

x an an an an an an an an

x an an an an

x an an an an

Trazo 1 Trazo 2 Trazo 3

empezar = o
siempre subir sin
presión y bajar con
presión

x org

x org

x org

x org

Trazo 1* *Complete en un solo trazo o se puede dividir en dos

x rs

x rs

x rs

x rs

Trazo 1	Trazo 2	Trazo 3	*empezar = ○*
siempre subir sin
presión y bajar con
presión

x	nos

x	nos

x	nos

x	nos

Trazo 1	Trazo 2	Trazo 3	Trazo 4

x	pa

x	pa

x	pa

x	pa

Trazo 1 **Trazo 2**

x ere ere ere ere ere ere ere

x ere ere ere ere ere ere ere

x ere ere ere ere

x ere ere ere ere

Trazo 1 **Trazo 2** **Trazo 3** **Trazo 4**

x bu bu bu bu bu bu bu

x bu bu bu bu bu bu bu

x bu bu bu bu

x bu bu bu bu

PRÁCTICA

Usa este espacio para la práctica adicional (6.5 mm x altura, 1: 1: 1, líneas inclinadas a 55 grados).

x

x

x

x

x

x

x

x

x

x

8.
Palabras

¡Es hora de juntarlo todo!

Escribir palabras no es diferente a escribir letras individuales. Simplemente vamos a espaciar las letras para que se toquen. El espacio es lo que dará la apariencia de que todo está conectado (pero todavía vamos a levantar entre trazos en lugar de escribir en un paso corrido).

En este capítulo, cada página está dedicada a una sola palabra. En la parte superior de cada página, muestro la palabra con la forma en que desglosaría los trazos utilizando un círculo abierto para mostrar dónde comenzaría cada uno.

Estudia la palabra primero y escribe la palabra en seco para verificar la compilación de trazos. Para ayudar a determinar la direccionalidad del trazo, recuerda que un trazo fino indica un movimiento hacia arriba y un trazo grueso indica un movimiento hacia abajo. Después de escribir toda la palabra, vuelve a puntear cualquier i/j y cruce las minúsculas t/x.

Traza las palabras y luego usa las últimas dos líneas para escribir de forma independiente.

Recordatorio:
- Levante la plumilla entre cada trazo
- Realiza cada trazo lentamente y con un propósito.
- ¡Celebra llegar hasta aquí!

Esta sección está a 6.5 mm de altura x con guías inclinadas a 55°.

○ = *nuevo trazo*

x Avenida

○ = *nuevo trazo*

x Belleza

x

x

x

x

x

x

x

x

x

○ = *nuevo trazo*

x Celebración

x

x

x

x

x

x

x

x

x

∘ = *nuevo trazo*

x *Designado* | Designado | Designado

x Designado | Designado

x Designado | Designado

x Designado | Designado

x Designado | Designado

x Designado | Designado

x Designado | Designado

x Designado | Designado

x

x

○ = *nuevo trazo*

Evento

○ = *nuevo trazo*

Felicidades

x

x

x

x

x

x

x

x

x

x

○ = *nuevo trazo*

x   Gusto

○ = *nuevo trazo*

x Huespedes

x

x

x

x

x

x

x

x

x

○ = *nuevo trazo*

Invitado

○ = *nuevo trazo*

Justicia

x
x
x
x
x
x
x
x
x
x

○ = *nuevo trazo*

Kilometro

○ = *nuevo trazo*

x Lealtad

○ = *nuevo trazo*

x Matrimonio

x

x

x

x

x

x

x

x

x

○ = *nuevo trazo*

Noviembre

x Noviembre / Noviembre

x Noviembre / Noviembre

x Noviembre / Noviembre

x Noviembre / Noviembre

x Noviembre / Noviembre

x Noviembre / Noviembre

x Noviembre / Noviembre

x

x

○ = *nuevo trazo*

x   Ocasión

x

x

x

x

x

x

x

x

x

x Practicar / Practicar

x Practicar / Practicar

x Practicar / Practicar

x Practicar / Practicar

x Practicar / Practicar

x Practicar / Practicar

x Practicar / Practicar

x

x

○ = *nuevo trazo*

x *Quebradizo*

○ = *nuevo trazo*

x Risueño Risueño

x Risueño Risueño Risueño

x Risueño Risueño Risueño

x Risueño Risueño Risueño

x Risueño Risueño Risueño

x Risueño Risueño Risueño

x Risueño Risueño Risueño

x

x

○ = *nuevo trazo*

x Sábado

x Sábado Sábado Sábado

x Sábado Sábado Sábado

x Sábado Sábado Sábado

x Sábado Sábado Sábado

x Sábado Sábado Sábado

x Sábado Sábado Sábado

x Sábado Sábado Sábado

x

x

○ = *nuevo trazo*

x

Tamaño

x

x

x

x

x

x

x

x

○ = *nuevo trazo*

Universal

x

x

x

x

x

x

x

x

x

x

○ = *nuevo trazo*

Verificar

○ = *nuevo trazo*

x Whiskería

x Whiskería / Whiskería

x Whiskería / Whiskería

x Whiskería / Whiskería

x Whiskería / Whiskería

x Whiskería / Whiskería

x Whiskería / Whiskería

x Whiskería / Whiskería

x

x

○ = *nuevo trazo*

Xerofítico

○ = nuevo trazo

x   Yadira   Yadira   Yadira

x   Yadira   Yadira   Yadira

x   Yadira   Yadira   Yadira

x   Yadira   Yadira   Yadira

x   Yadira   Yadira   Yadira

x   Yadira   Yadira   Yadira

x   Yadira   Yadira   Yadira

x

x

○ = *nuevo trazo*

x Bandoña

x

x

x

x

x

x

x

x

x

PRÁCTICA

Usa este espacio para la práctica adicional (6.5 mm x altura, 1: 1: 1, líneas inclinadas a 55 grados).

x

x

x

x

x

x

x

x

x

x

9.

Desafío Extra

¿Listo para un desafío extra?

Este capítulo está lleno de frases extravagantes que contienen cada una o la mayoría de las letras del alfabeto. En esta sección, estoy quitando las ruedas de entrenamiento y ni siquiera muestro la división de trazos. ¡¡Estarás bien!!

También notarás el tamaño condensado de las letras en este capítulo. Muchas veces tenemos que escribir más pequeño para que quepa el texto en un espacio determinado. ¡Las tarjetas y los sobres no nos ofrecen mucho espacio! Este capítulo te da la oportunidad de practicar la escritura en un tamaño más pequeño. También puedes descargar hojas de guía gratuitas de mi sitio web inkmethis.com para practicar la escritura en otros tamaños.

Recordatorios:
- Mueva el papel para quedarte en tu "zona de escritura"
- Entinta la plumilla entre trazos después de que el ojo se abre.
- Comprueba la rotación de la pluma en la mano
- Respira
- ¡¡¡Esto es divertido!!!

Esta sección está a 4.5 mm de altura x con guías inclinadas a 55°.

x Mientras hay vida, hay esperanza.

x Mientras hay vida, hay esperanza.

x Mientras hay vida, hay esperanza.

x

x Mientras hay vida, hay esperanza.

x

x Mientras hay vida, hay esperanza.

x

x Mientras hay vida, hay esperanza.

x

x Mientras hay vida, hay esperanza.

x

x Mientras hay vida, hay esperanza.

x

x Más se perdió en el diluvio.

x Más se perdió en el diluvio.

x Más se perdió en el diluvio.

x

x Más se perdió en el diluvio.

x

x Más se perdió en el diluvio.

x

x Más se perdió en el diluvio.

x

x Más se perdió en el diluvio.

x

x Más se perdió en el diluvio.

x

x La vida empieza cada cinco minutos.

x La vida empieza cada cinco minutos.

x La vida empieza cada cinco minutos.

x

x La vida empieza cada cinco minutos.

x

x La vida empieza cada cinco minutos.

x

x La vida empieza cada cinco minutos.

x

x La vida empieza cada cinco minutos.

x

x La vida empieza cada cinco minutos.

x

x Aun lo más horrible tiene belleza.

x Aun lo más horrible tiene belleza

x Aun lo más horrible tiene belleza

x

x Aun lo más horrible tiene belleza

x

x Aun lo más horrible tiene belleza

x

x Aun lo más horrible tiene belleza

x

x Aun lo más horrible tiene belleza

x

x Aun lo más horrible tiene belleza

x Aun lo más horrible tiene belleza

x   Enamórate de tu gran existencia.

x   Enamórate de tu gran existencia.

x   Enamórate de tu gran existencia.

x

x   Enamórate de tu gran existencia.

x

x   Enamórate de tu gran existencia.

x

x   Enamórate de tu gran existencia.

x

x   Enamórate de tu gran existencia.

x

x   Enamórate de tu gran existencia.

x

x Siempre parece imposible lo nuevo.

x Siempre parece imposible lo nuevo.

x Siempre parece imposible lo nuevo.

x

x Siempre parece imposible lo nuevo.

x

x Siempre parece imposible lo nuevo.

x

x Siempre parece imposible lo nuevo.

x

x Siempre parece imposible lo nuevo.

x

x Siempre parece imposible lo nuevo.

x

x   Haz limonada con los limones feos.

x

x

x

x

x

x

x

x

x

x

x

x

x

x No se puede apagar la verdad.

x No se puede apagar la verdad.

x No se puede apagar la verdad.

x

x No se puede apagar la verdad.

x

x No se puede apagar la verdad.

x

x No se puede apagar la verdad.

x

x No se puede apagar la verdad

x

x No se puede apagar la verdad

x

x Cuesta poco la felicidad verdadera.

x Cuesta poco la felicidad verdadera.

x Cuesta poco la felicidad verdadera.

x

x Cuesta poco la felicidad verdadera.

x

x Cuesta poco la felicidad verdadera.

x

x Cuesta poco la felicidad verdadera.

x

x Cuesta poco la felicidad verdadera.

x

x Cuesta poco la felicidad verdadera.

Donde hay casa de amor hay hogar.

x Una actitud positiva creará milagros.

x Una actitud positiva creará milagros.

x Una actitud positiva creará milagros.

x

x Una actitud positiva creará milagros.

x

x Una actitud positiva creará milagros.

x

x Una actitud positiva creará milagros.

x

x Una actitud positiva creará milagros.

x

x Una actitud positiva creará milagros.

x

x Toda persona tiene capacidad enorme.

x Toda persona tiene capacidad enorme

x Toda persona tiene capacidad enorme

x

x Toda persona tiene capacidad enorme

x

x Toda persona tiene capacidad enorme

x

x Toda persona tiene capacidad enorme

x

x Toda persona tiene capacidad enorme

x

x Toda persona tiene capacidad enorme

x

x Poseer menos llaves abre más puertas.

x Poseer menos llaves abre más puertas.

x Poseer menos llaves abre más puertas.

x

x Poseer menos llaves abre más puertas.

x

x Poseer menos llaves abre más puertas.

x

x Poseer menos llaves abre más puertas.

x

x Poseer menos llaves abre más puertas.

x

x Poseer menos llaves abre más puertas.

x

x Quien es feliz hace a otros felices.

x Quien es feliz hace a otros felices

x Quien es feliz hace a otros felices

x

x Quien es feliz hace a otros felices

x

x Quien es feliz hace a otros felices

x

x Quien es feliz hace a otros felices

x

x Quien es feliz hace a otros felices

x

x Quien es feliz hace a otros felices

x

PRÁCTICA

Usa este espacio para la práctica adicional (4.5 mm x altura, 1: 1: 1, líneas inclinadas a 55 grados).

x

x

x

x

x

x

x

x

x

x

x

x

x

x

x

x

x

x

x

x

x

x

x

x

x

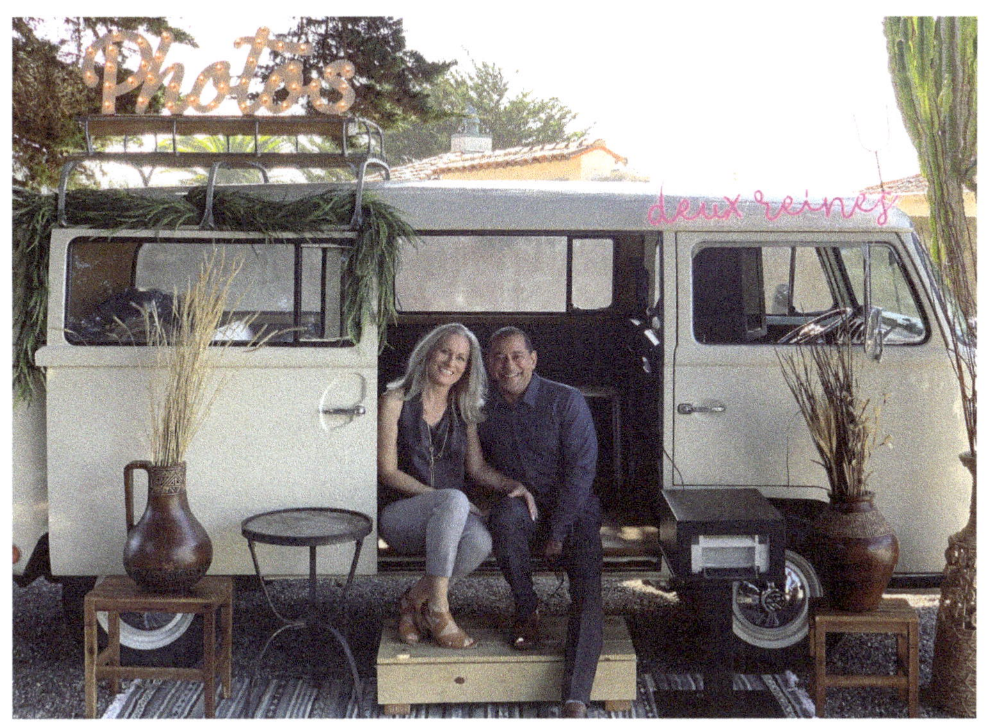

SOBRE LA AUTORA

Kestrel Montes vive en la región vinícola del norte de California con su esposo, Francisco. Tienen cinco hijos (Alex, Amanda, Oscar, Oliver y Levi), un yorkie y un loro gris africano. Kestrel ama a todas las cosas de mármol y oro. Francisco colecciona calcetines divertidos.

Kestrel y Francisco fundaron inkmethis en 2014, especializándose en suministros de caligrafía de lujo, sellos personalizados y regalos grabados. Francisco es un grabador y talla las hermosas plumas de caligrafía. Kestrel es una calígrafa y diseñadora de fuentes digitales. Anteriormente una profesora, Kestrel utiliza su formación pedagógica para enseñar caligrafía y habilidades de negocios en línea. Nunca pensaron tener su propio negocio y están increíblemente agradecidos por el interés que se ha demostrado en su trabajo y productos.

MANTENTE EN CONTACTO

Sigue a Kestrel en Instagram @inkmethis para obtener consejos de caligrafía, anuncios de productos y para conocer al dúo. Comparta el progreso de su caligrafía con el hashtag #learnwithkestrel para tener la oportunidad de volver a publicarse.

GRACIAS

Disfruta de un descuento de 10% en su próxima compra en inkmethis.com con el código *learnwithkestrel* como agradecimiento por comprar este libro. En inkmethis.com, encontrarás suministros y regalos de caligrafía de lujo, sellos personalizados, fuentes digitales y recursos gratuitos de caligrafía.

Foto: Charlie Couch

www.ingramcontent.com/pod-product-compliance
Lightning Source LLC
Chambersburg PA
CBHW042045030726
47599CB00019B/2371